W0194522

Jedes Jahr im Juli landet Cees Nooteboom auf den Balearen – und bringt von dort Geschichten mit, über die Insel und über das Land. »Ich bin wieder angekommen in meinem Sommerdomizil. Die herrenlose Katze hat sich zum Fressen eingefunden, die Palmen sind um einen unsichtbaren Zentimeter gewachsen, da sind die Bücher wieder, die ich vergessen habe, und ich nehme Platz gegenüber der weiß verputzten Natursteinmauer, die mich schon seit fast zwanzig Jahren mit ihrer Leere erregt.«
Der große Autor erzählt von Don Miguel, dem 87 Jahre alten Postboten, von einem Mädchen namens »Schnee« und einem anderen, das »Liebe« heißt, von Blumen, der Sonne und dem Meer. Nooteboom schildert uns ein Land, in dem »die Zeit aus Sand« ist und dessen Menschen er mit Zuneigung betrachtet, wissend, daß er nur ein Passant ist, einer aber, der von sich sagen kann: »Ich liebe Spanien.«

»Wer Nooteboom liest, wird erleuchtet.« *Ulrich Greiner, Die Zeit*

Cees Nooteboom, 1933 in Den Haag geboren, lebt heute in Amsterdam, Berlin und auf Menorca. Sein umfassendes, vielfach übersetztes Werk wurde mit zahlreichen Preisen ausgezeichnet und erscheint auf deutsch im Suhrkamp Verlag, u.a. liegen vor: *Rituale, Das Paradies ist nebenan, Die folgende Geschichte, Berlin 1989/2009* und zuletzt *Nachts kommen die Füchse.*

insel taschenbuch 4024
Cees Nooteboom
Die Insel, das Land

Cees Nooteboom
Die Insel, das Land

Geschichten über Spanien

Aus dem Niederländischen von
Helga van Beuningen

Insel Verlag

Umschlagfotos: Shutterstock.com / Visual Language

insel taschenbuch 4024
Erste Auflage 2011 · Insel Verlag Berlin 2011
© Suhrkamp Verlag Frankfurt am Main 2002
Alle Rechte vorbehalten, insbesondere das der Übersetzung,
des öffentlichen Vortrags sowie der Übertragung durch Rundfunk
und Fernsehen, auch einzelner Teile. Kein Teil des Werkes darf
in irgendeiner Form (durch Fotografie, Mikrofilm oder andere
Verfahren) ohne schriftliche Genehmigung des Verlages
reproduziert oder unter Verwendung elektronischer
Systeme verarbeitet, vervielfältigt oder verbreitet werden.
Vertrieb durch den Suhrkamp Taschenbuch Verlag
Umschlaggestaltung: HildenDesign, München
www.hildendesign.com
Druck: CPI – Ebner & Spiegel, Ulm
Printed in Germany
ISBN 978-3-458-35724-7

1 2 3 4 5 6 – 16 15 14 13 12 11

Die Insel, das Land

STOCKFISCH MIT BRILLE

Ich bin wieder angekommen in meinem Sommerdomizil.
Die herrenlose Katze hat sich zum Fressen eingefunden
und löscht damit neun Monate Abwesenheit aus, die Palmen sind um einen unsichtbaren Zentimeter gewachsen,
ich entdecke die Bücher wieder, die ich vergessen hatte,
und nehme gegenüber der weiß verputzten Natursteinmauer Platz, die mich schon seit fast zwanzig Jahren mit
ihrer Leere erregt. Die Mauern rund ums Haus sind aus
großen Steinen zusammengefügt, der Weg hört bei mir auf.
Keine Autos, kein Telefon. Nicht weit von hier eine Küste
mit schroffen Felsen, weiße Fischerboote, das Meer Ho-
mers. Mein König ist jetzt der König von Spanien, doch

die Stimmen, die ich zuweilen jenseits der Mauer höre, sprechen die Inselversion des Katalanischen. Die Steinmauern setzen sich bis in das ein Stück weiter gelegene Dorf fort, ich gehe an ihnen entlang, um Zeitungen zu holen, mit einem Armvoll Welt kehre ich in die Stille zurück. Ich erkenne die Geräusche wieder, das Geschrei des Bussards, immer aus derselben Ecke, der Wind in den Palmen, spielende Kinder bei einem Wassertank, wenn ihre Stimmen zu mir wehen. Jetzt muß ich mich noch meiner anderen Welt entledigen, die Uhr in die Sonne legen, so daß sie schmilzt wie Dalís Uhr und langsamer geht, muß auf den Spiegel in der Zisterne achten, damit ich rechtzeitig Wasser bestellen kann. Ich habe zwei Leben, so scheint es, eines dort, von wo ich herkomme, ein Leben, das jetzt schemenhaft wird, es existiert nicht wirklich. Das andere ist hier, ich hatte es lediglich unterbrochen. Man kann sie nicht zu zwei ganzen Leben addieren, und doch ist es, als lebte man länger. Das Leben ist eines der Menschen, Ereignisse, Reisen. In ihm wandeln sich die Zeiten, sie heißen Abreise, Fahrpläne, Termine, hier dagegen ist die Zeit aus Sand, ich brauche die Uhr nur jeden Tag umzudrehen, dann bezeichnen dieselben Körner dieselben Stunden. Die Veränderungen werden nur am Nachthimmel sichtbar, dort führen andere Uhren das Regiment, man kann ganz langsam dazu zählen.

Ich bin am Tag nach Mittsommernacht angekommen. Manchmal denke ich, ich bin einer der wenigen Primitiven, die diese Zaubernacht noch *fühlen*. Das muß vom Krieg herrühren. Worten habe ich mich nie entziehen können, und das Wort Sonnenwende muß ich irgendwo aufgeschnappt haben, wenngleich ich mich an niemanden erinnern kann, der es benutzt hat. Ich habe also nicht *gesehen*, wie es ausgesprochen wurde. Vielleicht eine Rundfunksendung über das germanische Erbe, weiß der Himmel. Jedenfalls hat es sich in meinem Kinderhirn eingenistet und ist erst viel später wieder hervorgekommen, als es verstanden werden konnte. Da gab es auf einmal viel mehr zu verstehen: Ich las von *solstice* und *equinox*, und beide Wörter riefen, als ich sie im Wörterbuch nachschlug, Erstaunen hervor. Die Übersetzung des zweiten in meine Sprache lautete *evening*, Tagundnachtgleiche, aber das war einfach ein niederländisches Wort, man konnte es niederländisch aussprechen, und doch tat das keiner, man hörte es nie. *Evening*: Wenn Tag und Nacht gleich lang sind, zweimal im Jahr. Die Engländer hatten jeden Tag einen *evening*, Wahnsinn. Und *solstice*: *zonnestilstand*, Sonnenwende. Ich habe noch einmal nachgesehen, es steht wirklich so da. Von früher geblieben ist mir ein festliches Gefühl bei der Sonnenwende im Winter: Von jetzt an werden die Tage länger. Ich bin ein Sommerkind, ich feiere diesen Tag mit einem Glas Champagner und denke an mein Haus im Süden und bilde mir ein, es wartet auf mich.

Und was ist Mittsommernacht? Das ist ein Tag, aus dem sich die Nacht entfernt hat, und trotzdem ist es eine Nacht. *Une nuit blanche*, eine Nacht, in der man nicht schläft. Feuer, Shakespeare, Hexen, Zauberei, Geilheit, Geisterbeschwörung, Ingmar Bergmans schönster Film. Schöner als James George Frazer (in *Der Goldene Zweig. Das Geheimnis von Glauben und Sitten der Völker*) kann ich es nicht sagen: »Die Sommersonnenwende oder der Mittsommertag ist der große Wendepunkt im Lauf der Sonne, da sie ihre Schritte am Himmelswege abwärts zu lenken beginnt,

9

nachdem sie vorher Tag für Tag immer höher hinaufgestiegen war.« Haben unsere fernen Vorfahren diesen Punkt gefeiert oder beschworen? Nein, zuvor eine andere Frage: Gibt es das, Vorfahren? Wann beginnt die erkennbare Familie in einer Menge anonymer Toter zu verschwinden? Unwiderruflich läßt sich eine logische Linie von Gebärmutter zu Gebärmutter zurückverfolgen, doch dabei stellt sich kein anderes Gefühl ein als eines der Rätselhaftigkeit: daß man angeblich von dort stammt, aus diesem Gewimmel vorchristlicher Schemen, die den alljährlichen Rückzug der Sonne aufhalten, ihr in ihrer Schwäche beistehen wollten. Große Feuer, Umzüge mit brennenden Fackeln rund um die Felder, Burschen, die allen möglichen Unrat verbrannten, damit übelriechender Rauch die Drachen vertriebe, die, geil von der ranzigen Sommerhitze, »sich in der Luft paarten und Brunnen und Flüsse vergifteten, indem sie ihren Samen hineinfallen ließen« (Frazer). Noch bis ins 19. Jahrhundert hinein brannten diese Feuer in ganz Europa, ein Mädchen, das neun Feuer sah, hieß es, würde binnen Jahresfrist heiraten, Wagenräder wurden mit Pech beschmiert, angezündet und, brennend wie das Rad der Sonne, die Hügel hinuntergerollt, krankes Vieh wurde durch das Feuer getrieben, damit es genas, das öffentliche Feuer wurde an glühenden Ästen nach Hause gebracht, wo man den Herd damit anzündete. Frazer beschreibt sämtliche Riten und Spielarten in allen Ecken und Winkeln Europas, von denen zu seiner Zeit noch viele lebendig waren; im Kern geht es bei all diesen verschiedenen Bräuchen um das Feuer, das auf der Erde entfacht wird, um Ersatz für jenes aus dem Himmel zu schaffen, eine Beschwörung des Winters mit seinen tödlichen Gefahren, ein Sich-Aufbäumen gegen das Dunkel, in der Angst die Phantasie entzündete. Es gibt keinerlei Grund, sich nach diesen Zeiten zurückzusehnen, und dennoch schlummert in den Tiefen meiner Seele ein Heide, der in der größten Hitze des Sommers an das Messer des Winters denkt, an das Verschwinden des Lichts. Heute sind es 35 Grad in Zamora, 41 in Badajoz, 34 in Zaragoza. Einstweilen ist die Dunkelheit noch fern.

Womit man umgeht, damit wird man leicht infiziert. Romanische Zeitungen (nicht erschrecken: ich meine damit einfach französische, italienische, spanische) eröffnen Intellektuellen einen Tummelplatz. Das tun unsere niederländischen auch, und auch bei uns darf das Thema komplex sein, aber die Sprache bleibt ruhig. Hier nicht, man schöpft aus einem großen Reservoir ciceronianischer Rhetorik, läßt den Motor ordentlich aufjaulen. Oft genug merkt man, während man noch kräftig auf Nietzsche und Ortega herumkaut, daß man wieder in eine riesige Seifenblase gebissen hat, verpackt in Zeitungspapier voll Börse, *faits divers* und Gewerkschaft. Es schmeckt, keine Frage, manchmal beschleicht einen sogar die Lust, den akademischen Meistersinger, den man selbst irgendwo in einem Käfig hat, für eine Weile raus- und mal so richtig jodeln zu lassen. Fangen wir an: das Foto als Ikone, als phänomenologische Fundstätte, als exegetisches Moment, als politisches Emblem. Das habe ich mir alles selbst ausgedacht, allerdings inspiriert von ein paar ganz gewöhnlichen Zeitungsfotos und dem, was jemand aus ihnen herauslesen will. Ich habe dieses Verfahren in der Vergangenheit selbst angewandt, Bilder sind schließlich verführerisch. Henk

Bernlef[1] hat vor gar nicht so langer Zeit über das Foto in der modernen niederländischen Lyrik geschrieben, und jeder weiß, daß, obwohl fast niemand moderne Lyrik liest, die darin zum Ausdruck kommenden Ideen sich dennoch auf Schleichwegen in die Gehirne derer mogeln, die in Zeitungen schreiben. Das ist geheimnisvoll, aber dennoch wahr.

Jetzt also zu besagten Fotos. Eines von ihnen war mir besonders aufgefallen, und zwar in einem Maße, daß ich die Zeitung, nachdem ich sie längst ausgelesen hatte, doch wieder aus dem Papierkorb angelte, um es mir noch einmal anzuschauen. Auch ich schreibe in Zeitungen und dachte daher, daß ich vielleicht etwas darüber sagen oder es zumindest für mein Spanien-Archiv aufbewahren sollte. Sechs Männer sind auf diesem Foto, ein sonniger Kreml, wenngleich es sich um Spanier handelt und Felipe González[2] einer von ihnen ist. Trotzdem kommt mir kurz die Assoziation mit dem Kreml, vielleicht auch nur, weil niemand richtig lacht, weil Fäuste erhoben werden (drei linke, eine rechte), vor allem aber, weil das Foto von *unten* aufgenommen worden ist und keinen richtigen Hintergrund hat, nichts, das ablenkt. Über den Köpfen drei Wörter, *ara seguir luchando*, in diesen großen unhöflichen Buchstaben, die einen festen Willen ausdrücken sollen. *Ara* ist kein Wort, sondern die Endung einer Futurform, doch die Aus-

1 Henk Bernlef (eigentlich Hendrik Jan Marsman): 1937 geborener niederländischer Autor.
2 Felipe González (eigentlich Felipe González Márquez): Geboren 1942 in Sevilla, Jurist. Generalsekretär der PSOE (Sozialistische Arbeiterpartei Spaniens) in den siebziger Jahren – bis 1997 –, spanischer Ministerpräsident von 1982 bis 1996. ·

sage ist klar: Wir setzen den Kampf fort. Daß sich dieser Kampf zu einem guten Teil gerade zwischen den Männern an diesem Tisch abspielt, ist bekannt. González trägt keine Krawatte, hier nicht, dafür eine Art Strickjacke. Die Hände hat er übereinandergelegt. Das hatte ich natürlich gleich gesehen, aber ich ziehe nun doch nicht die Schlußfolgerung des Exegeten im *Diario 16*[3], der die Haltung von González mit der von Peter Sellers in *Dr. Strangelove* vergleicht, wo dieser als Ex-Nazi seine rechte Hand immer krampfhaft mit der linken festhalten muß, um nicht in *Sieg Heil!* auszubrechen. Nicht nett, dieser Vergleich. González erhebt nur deshalb nicht die Faust, weil es Stimmen kostet. Niederländische Sozialisten singen heutzutage auch nicht mehr die *Internationale*, und sei es nur deshalb, weil sie den Text nicht kennen.

Was war der Anlaß für dieses Foto? José González Moro, Generalsekretär der Rentnergewerkschaft innerhalb der UGT (Unión General de Trabajadores), erhielt die Verdienstmedaille. Der einzige andere Mann, dem es gelingt, die Hände unten zu lassen (hinter dem Rücken), ist der Arbeitsminister. Wer regiert, darf seine Faust nicht ballen. Von den drei übrigen ist Gewerkschaftsführer Nicolás Redondo der große Gegenspieler von González. Es ist das erste Mal in drei Jahren, daß der Ministerpräsident und der Gewerkschaftschef gemeinsam in der Öffentlichkeit zu sehen sind. Die Öffentlichkeit, das sind zehntausend Rentner aus ganz Spanien. Die Veranstaltung ist ein Erfolg für González. Als er fragt, ob er lang oder kurz sprechen soll, ruft der Chor der Alten: »Lang!«, und als er sagt, »Wir ma-

3 Diario 16: Spanische Zeitung.

chen alle Fehler«, ruft eine alte Frau: »Du nicht!« Redondo
hat sich abseits gehalten. Das Gesicht auf dem Foto ist
streng, sein Arm am höchsten erhoben. Rechts bei den Sozialisten, links bei den Kommunisten, stimmt diese Ikono-
graphie noch? Redondos Gesicht zeigt nicht für die Rentner, die schlechtere Zeiten gekannt haben, diesen düsteren
Ausdruck, sondern für den aktiven Teil seiner Anhänger. Es
soll die Enttäuschung und Verbitterung von Arbeitern ausdrücken, die der Meinung sind, sie hätten eine sozialistische Regierung nicht dafür gewählt, um sich den Lohn
kürzen und ihre Werften und Stahlindustrien schließen zu
lassen.

Bei den übereinandergelegten Händen von González hatte
ich eine andere, eine persönliche Assoziation: Er hält sie so
wie jemand, der etwas *nicht* tut. So hält man die Hände,
wenn man beschlossen hat, daheim bei Tisch nicht mehr
mitzubeten. Eigentlich täte man es gern, um den anderen
einen Gefallen zu erweisen, um nicht so unangenehm auf-
zufallen, aber man tut es nicht, weil man beschlossen hat,
es nicht mehr zu tun, genauso wie man als einziger in der
Kirchenbank stehen bleibt, wenn die ganze Familie bei einer Beerdigung zur Kommunion geht. Dann hält man
seine Hände so. Der Journalist vom *Diario 16* drückt es
wieder gemeiner aus: Natürlich möchte sich González'
Körper an der großen sentimentalen Gemütsentladung der
Basis beteiligen, aber er weiß, daß die dazugehörige Rede –
die von Redondo – *pura chatarra retórica* ist, reiner rhetori-
scher Schrott, und ihn die Wählermitte kosten würde. Politische Exegese anhand von Fotos. Wo sollen sich die politischen Führer verstecken?

Jedenfalls nicht hinter Martina Navratilova. Sie ist der Gegenstand unserer zweiten Ikone. Als Analytiker fungiert der Schriftsteller Juan Marsé, die Diva ist in *El País* zu sehen, und seine ätzende Säure läßt keinen Zentimeter meiner eckigen Elfe unbeschrieben. »Sie ist ein nordischer Transvestit, aseptisch und intellektuell angehaucht.« Diesen Eindruck gewinnt der Verfasser nicht durch ihren starken Arm (mit dem sie ihm eine saftige Ohrfeige in sein südländisches Machoge-sicht geben müßte), sondern durch »die Zusammensetzung ihres Gesichts; dessen Teile könnten weiblich sein, vor allem wenn man sie einzeln betrachtet, der Ausdruck jedoch ist männlich; die Augen mögen die einer Frau sein, der Blick jedoch ist der eines Mannes«. So macht er weiter, bis er zu den Hüften kommt – zu deren Abwesenheit. Nicht einmal eine Andeutung von ihnen sei vorhanden! »Es ist nicht so, daß die Dame überhaupt keine *curvas* hat, aber es sind *curvas*, die keinerlei Sexualität erkennen lassen. Eine faserige und sehnige Dame … das Gesicht eines Stockfischs mit Brille.« Dieser Mann muß gesteinigt werden mit den härtesten Tennisbällen aus der Steinzeit. Ist die Zeichnung von Marc im *Observer* vom selben Tag besser? Ja. Warum? Weil in der Zeichnung die unvergeß-

liche Essenz dieses Gesichts festgehalten ist, das einer eckigen Elfe aus
den Wäldern Mitteleuropas, beschäftigt mit dem Geheimnis ihrer
Konzentration und der Beschwörung
ihrer Gegnerin. Und dieses güldene Haar
hätte Peter Handke bestimmt gern. Abgesehen davon bin ich wild auf
Stockfisch.

DER FADEN IM NADELÖHR

Schön ist sie, die spanische Wetterkarte. Das Meer hat die-selbe Farbe wie die Fensterläden an meinem Haus, die Landmasse Spaniens ist kupferfarben, die Sonnen, die über den autonomen Regionen scheinen, sind grellgelb. Manch-mal hängen weiße Wölkchen davor, meist nicht. Goldene Pfeile bedeuten Gewitter, böse Wellen kündigen Sturm an. Im blauen Meer liegen die Inseln, manchmal auch unter ei-nem Wölkchen, meist nicht. Auf einer der Inseln zwischen der ausgebreiteten Stierhaut und dem ausgemusterten Da-menstiefel sitze ich in einem kleinen Bauernhaus und schaue auf den Fernseher mit der Wetterkarte, auf der die Insel et cetera; man hat in etwa das Gefühl, man sei der Fa-den, der durch ein Nadelöhr gezogen wird.

Ich gehöre zu Spanien, andere Länder gibt es auf dem Bild-schirm nicht, noch nicht. Spanien, das sind mehrere Völ-ker, mehrere Sprachen. Es hat viele Regierungen und *eine* Regierung, aber nur *einen* König. Ich kenne ihn vom Se-hen, er kommt manchmal mit seiner Yacht hierher. Dann legt er irgendwo auf der anderen Seite der Insel an und geht an Land Fisch essen. Die weißen Schiffe schaukeln auf den Wellen, der große, hochgewachsene Mann betritt mit ein paar Freunden eine Terrasse, alle applaudieren kurz, essen dann weiter und beachten ihn nicht mehr. Kein sichtbarer Rummel, keine Polizei. Einfach: essen gehen. Manchmal mit der Familie, manchmal mit Freunden. Im Fernsehen sieht er anders aus, da wird er gezielt als Symbol der Einheit dieser stets auseinanderstrebenden Nation eingesetzt. *Despedida y cierre*, Abschied und Schluß heißt dieser magische Moment am Ende jedes Fernsehabends. Die pompöse Nationalhymne dröhnt, die Fahne mit dem königlichen Wappen flattert, und der König sieht nicht wie er selbst aus, eher wie jemand, der zu seiner eigenen Überraschung gerade einen Nebenzweig des Strukturalismus erfunden oder, als dieses Foto gemacht wurde, am anderen Ende des Objektivs ein Foto seines gesamten Volkes gesehen hat.

Zwei Männer sind ständig präsent, allerdings zu normalen Zeiten. Das sind González und der König, zwei Sterne, die einander umkreisen. Beispiel: Der König kehrt von einem Besuch in Ungarn und der Tschechoslowakei zurück, und González muß zum Flughafen fahren, um ihn abzuholen. Das ist natürlich Unsinn, vor allem wenn dazu gesagt wird, der Monarch und der Präsident (der Ministerpräsident heißt hier Präsident der Regierung) hätten zwei Minuten miteinander gesprochen. Aber es muß sein. Was sagt man bloß in diesen zwei Minuten? Wie war's in Ungarn? Du, das erzähl ich dir morgen, sag mir erst einmal, wie das Gespräch mit den Gewerkschaften läuft. Also, da waren wir gerade mittendrin, aber dann mußte ich zum Flughafen. Zwei Männer im gleichen Alter, beide mit demselben Spanien befaßt. Gestern empfingen sie gemeinsam den Präsidenten von Zypern, aber was sagen sie zueinander, wenn sie allein sind? Eure Majestät und Herr Präsident, oder Felipe und Juan Carlos? Was interessiert das schon, möchte man meinen, und trotzdem. Zwischen diesen beiden Männern müssen viele Geheimnisse und Namen hin und her gehen, und das schon eine ganze Weile. Dieser König war

so klug, keinen ostentativen Hofstaat aus großgrundbesit-
zendem Adel um sich zu scharen, doch an seinem Namens-
tag sieht man die Alvas und andere spanische Granden ihn
wie Wolken umschwirren, und in diesem Land bedeutet
das doch noch immer etwas anderes als bei uns. Nach wie
vor hat der Adel einen Großteil des Landes in seiner Hand
und damit eine gewisse Macht. Mit Land meine ich Grund
und Boden, was dasselbe ist und nicht dasselbe.
Wenn man so einen Satz noch einmal liest, zweifelt man an
sich selbst. Es liegt so ein altmodischer Nachklang darin.
Das beginnt für uns natürlich schon mit dem Namen Alva
und bewegt sich weiter zu Adel, Land, Macht. Doch erst
vor einem Jahr, als ich eine Reihe von Artikeln über die
Estremadura schrieb, begegnete ich dieser Trias immer wieder, und auch in der stets von neuem erzählten Geschichte
vom Bürgerkrieg taucht sie immer wieder auf. Feudalis-
mus, *Groß*grundbesitz. So lange her, so nahe. Nach den
Engländern haben die Spanier jetzt selbst eine Serie über
den Bürgerkrieg gemacht, letzte Woche war Guernica an
der Reihe. Ich hatte einen alten Film von Orson Welles,
Mr. Arkadin, eingeschaltet, den ich nicht kannte. Rätselhaft. In der Vorschau gab ihm die Zeitung lediglich zwei
Sterne, aber ich wollte ihn trotzdem sehen. Das ist mir
nicht gelungen, denn irgend jemand in Spanien oder auf
den Inseln knipste ein Kabel durch, und das Bild ver-
schwand nach zehn Minuten in einem Hagelschauer aus
scharfkantigen Graupeln. Man bleibt dann noch kurze
Zeit sitzen, heimatlos, das letzte Bild noch auf der Netz-
haut, bis der Hagelschauer metaphysische Proportionen
angenommen hat, ein flüssiger Psychotest, in dem man die
schändlichen Konturen der eigenen Seele erkennen kann.

Auf dem dunklen Nachtweg ging ich zu den Nachbarn, die nicht ferngesehen hatten, mir aber denselben Hagelschauer im zweiten Programm vorführten und sagten, daß daran die Große Insel schuld sei. Ich habe nichts von der Handlung mitbekommen, nur gesehen, daß es großartig gefilmt war: eine laufende Zurschaustellung von aneinandergekoppeltem Schwarzweiß. »Was macht das Frühere so schön«, wollte ich mich selbst fragen, doch kurz darauf, bei den Bildern vom Bürgerkrieg im ersten Programm, erhielt diese Frage eine andere Dimension, und zwar eine ethische. Wie kann, was Leid und Elend war, plötzlich schön sein? Das fängt schon bei den Maschinen an. Arbeiter und Stahlfabriken in Asturien, schön. Die Arbeiter sind schön, und die Maschinen sind schön. Unwiderstehlich, geeignet für einen Kunstband. Zylinder, Kolben, glänzender Stahl, in Bewegung, rhythmisch, schwarzweiß, Kunst. Halt das Bild an, und du hast ein antikes Stück für deine immer wertvoller werdende Sammlung, oder ein postmodernes Exerzitium: Mode, und in diesem Moment hast du etwas im Auge.

So darf ich mir das nicht anschauen, es muß doch eine innere Kläranlage geben, die ein historisches Bild von unbeabsichtigter Ästhetik befreit? Offenbar gibt es sie nicht: Von Richthofen, Legion Condor, Heinkel iii, die anmutigen Bomben, die in schiefen Dreierreihen abwärts zu segeln scheinen. Staubbrille auf der Uniformmütze, Haarschnitt von 1936, Wirklichkeit, postum vom Film, von Reklamefotos ästhetisiert. Ich sollte das nicht so sehen, und sehe es doch so. Alte Maschinen: Nostalgie. Maschinengewehre, hohe, mastodontische Panzerwagen, unheimlich, *literarisch*, auch die sind also kanonisiert. Und die Menschen? Helme (»Ich kenne jemanden, der so etwas sammelt«), weite Mäntel (»Die sieht man nicht mehr«), Abwehrgeschütze (»Mein Gott, was für ein tolles Licht«), Flüchtlinge (»Wie bei einem alten Buñuel«).

Was hat als *es selbst* Bestand, als unübersetzbares, unveräußerliches Leid, als Abscheu? Alles kann offenbar in eine andere Kategorie überführt werden: Bildausschnitt, Komposition, Design, Technik. Ich sehe die Flugzeuge von Bilbao, die mir noch 1940 als Kind Angst eingejagt haben, ich erkenne das unentrinnbare Geräusch wieder, dem das hohe Pfeifen der Bomben folgte, aber auch das hohe Dröhnen, das sich anhörte wie tausend apokalyptische Bässe, und gleichzeitig sehe ich die wohlbedachte Schönheit der Formation. Bei Jüngeren spüre ich manchmal ein merkwürdiges Heimweh, ja heimlichen Neid: Warum haben sie das nicht miterlebt? Sie haben nur die Trümmer, das Foto, die bewahrte Erinnerung. Den Menschen auf diesen Fotos haben sie Frisuren und Kleidung abgeguckt, man achte nur einmal in gewissen Amsterdamer Kneipen darauf. Man könnte sie so, wie sie sind, zum Militärdienst einziehen, doch die niederländischen Uniformen hätten ihnen nicht gefallen. Das einzige, was bleibt, ist die Angst in den Augen der Flüchtlinge (»Ein Schauspieler bekäme das nie richtig hin«) und der unmögliche Tourismus in die Vergangenheit (»Siehst du die Räder an diesem Wagen, die haben ja noch nicht mal Speichen!«). So also kann man in einem Krieg zweimal sterben. Zuerst wird einem das Leben genommen, danach wird der Tod der Nachwelt übergeben, die damit macht, was sie will.

Ich bleibe beim Fernsehen und, weil ich es nicht lassen kann, beim Tod. Die Nachmittagsnachrichten, die ich fast nie sehe, weil ich mich dann bei Moränen und Tintenfischen zwischen sich bewegendem Wasser und sich bewegendem Tang aufhalte, werden von einer Frau gesprochen, die von Delacroix gemalt worden ist, aber Gott sei Dank lebt, eine versengende Schönheit. Den meisten niederländischen Nachrichtensprechern hat sie voraus, daß sie sprechen kann. Stendhal hätte sich in sie verliebt, ich kühle meinen Kopf unter Wasser. Dann gibt es noch die Abendnachrichten, die ich nie ansehe, weil ich dann lesen will, und zum Schluß noch die Spätnachrichten, meist eine halbe bis eine ganze Stunde später als angekündigt, jedes Land leidet an seinen eigenen Klischees. Die Erkennungsmelodie, die diesen Nachrichten vorangeht, kann man aus Angst, für debil gehalten zu werden, auf Papier nicht nachzeichnen, doch sie ist so konstruiert, daß man sie, wo immer man sich in Spanien befindet, sofort erkennt, ein geheimnisvoller elektronischer Lockruf, der in ein leicht triumphierendes Geschmetter übergeht, auf das man nicht achtet, weil gleich danach Die Stimme kommt. Die Stimme ist tief und schnell, es ist die der authentischen Sirene und doch nicht hoch. Auch wenn Odysseus mich am Mast festbände, ich könnte mich nicht gegen sie zur Wehr setzen, und selbst wenn die Nachrichten erst nach eins beginnen, ich warte auf sie. Wie sie heißt, weiß ich nicht, das teilen sie einem hierzulande nicht mit. Worin das Geheimnis besteht, weiß ich auch nicht. Die leichte Heiserkeit, die Intelligenz der Ausdrucksweise, die Art, wie sie den Mund bei bestimmten Wörtern formt, vor allem wie sie einen ansieht, nachdem sie etwas gesagt hat, das Siegel eines geheimen Einvernehmens, das den Rest der Welt ausschließt. Auch sie ist schön, aber das ist schon nicht

mehr wichtig, noch schöner ist ihre Stimme, die einer
Frau, die man lieben würde, selbst wenn sie nicht existierte,
Platonismus pur.

Jetzt zum Tod und zum Bild.
Wie sie es mir erzählte, läßt
sich doch nicht nacherzählen,
es geht also um das, was zu sehen war. Arena, Blut, Stier,
man kennt das. Von den Me-
riten dieser Atavismen wollen
wir nicht sprechen, nicht hier.
Man sieht die Angst in den
Augen des Stierkämpfers. Was

heißt Angst, es ist reine Panik. Der Stier entwaffnet ihn (so
steht es wörtlich am nächsten Tag in der Zeitung), da liegt
das alberne schmale Schwert, der Scharlachfleck der *mu-
leta*. Die muß er wiederhaben, doch sein Feind (so heißt
der Stier) kommt über ihn, und er rollt sich weg wie eine
Assel, ein zu schwerer Mann im Sand. Oper: Er flüchtet zur
barrera, eine aufgeputzte Puppe vor einem Kulissenhinter-
grund. Nun erscheint auf einmal ein anderer Mann, in
weißer Sommerkleidung, dick, mit beginnender Glatze. Er
rennt, eine Rolle Klopapier in der einen Hand (die konnte
ich nicht sehen, das haben die Zeitungen geschrieben) und
seine Eintrittskarten in der anderen, quer durch die Arena,
genau auf den *toreador* zu, der gleich *wieder* auf dem Boden
liegt, sich dann aber – zugegebenermaßen – grandios wieder erhebt, genau vor seinem Angreifer, Schwert in der
Hand. Er sticht nicht zu, vielleicht ein Akt wahrer Selbst-
beherrschung. Seine Helfer beginnen nun den weißen
Mann zu vermöbeln, Polizei greift ein, Skandal.

Einer, der in den Ring springt, obwohl er da nichts zu suchen hat, heißt *espontaneo*. Meist will er auch ein bißchen mit dem Stier kämpfen, und die *toreadores* müssen ihm das aufs Spiel gesetzte Leben retten. Dieser *espontaneo* wollte nicht mit dem Stier kämpfen, sondern mit dem Stierkämpfer, er forderte sein Geld zurück, weil der Stierkämpfer sich geweigert hatte, den Stier zu töten. Er fand ihn wohl zu gefährlich, denn da war irgendwas mit der Stellung seiner Augen – oder er war *toreado*. Letzteres gibt mein sonst überaus lobenswertes Wörterbuch nicht an, wörtlich bedeutet *toreado*, daß er (bereits?) gekämpft hat. Die Sache mit der Augenstellung ist leichter verständlich: Wenn es hier eine Anomalie gibt, kann der Stoß aus einem unberechenbaren Winkel kommen. Das war die Angst in den Augen des Stierkämpfers, Curro Romano heißt der Mann, und diese Angst hatte zur *bronca* bei den Zuschauern geführt, Lärm, Aufstand, zum Werfen von tausend Kissen. Wie es mit Romano ausgeht, hören wir noch. Man hat ihn angeklagt wegen Nichterfüllung seines Vertrags. Was bleibt, ist das Bild, das sämtliche Elemente von Dick und Doof aufweist: Der dicke Mann, der angerannt kommt und den Torero (ein Gallizismus, es muß *toreador* heißen) umwirft, der gleich darauf wieder edel und erhobenen Hauptes dasteht, alles festgehalten mit den zu schnellen Bewegungen eines alten Films.

Bleibt der andere Tod, der eines Dichters. Die elektronische Erkennungsmelodie, die hybride Fanfare, Die Stimme, tiefer als sonst. Sie erzählt, daß Gerardo Diego, neunzig Jahre alt, mit Rafael Alberti der letzte Überlebende der »Generation von 1927« (Salinas, Guillén, García Lorca, Aleixandre), in Santander gestorben ist. Sie fügt noch ein paar Worte hinzu und sagt dann (und man sieht, daß sie in diesem Moment *beschließt*, es zu sagen): »Seine Stimme ist jetzt verschwunden, seine Worte bleiben.« An diesem Satz ist nichts Besonderes, doch kein niederländischer Nachrichtensprecher hätte ihn beim Tod von Roland Holst[1] über die Lippen bekommen, es sei denn, man hätte ihn ihm vorgeschrieben, aber auch damit brauchen wir nicht zu rechnen.

Am Ende der Nachrichten ist noch eine Meldung eingegangen: Eine Frau, die im Leben von García Lorca eine große Rolle gespielt hat, ist am selben Tag, 81jährig, gestorben. Die Sprecherin blickt von der Meldung auf, die man ihr soeben gereicht hat, und sagt: »So starben an ein und

demselben Tag ein großer Dichter und die Frau, die einen anderen großen Dichter inspiriert hat.« Mache ich zuviel daraus? Schon möglich, aber ich denke, nein. Es geht um subtile kulturelle Unterschiede, die schuld daran sind, daß man sich in einem Land manchmal heimischer fühlt als in einem anderen. Denn welcher politische Zeichner hätte in den Niederlanden am Tag nach dem Tod eines Dichters ein Bild gezeichnet wie das von

1 Adriaan Roland Holst: Niederländischer Dichter (1888-1976).

Maximo in *El País* vom 10. Juli und hätte es einen Tag später, als gäbe es keine Politik mehr, mit der gleichen, jetzt um soviel zarteren Zypresse (eine Anspielung auf eines von Gerardo Diegos berühmten Gedichten, *El Ciprés de Silos*, aus den *Versos Humanos*, 1925) wiederaufgegriffen?

MOND, WASSER, ERDE,
SCHNEE UND BLUT

Es passiert alle paar Wochen einmal, ein vorsokratischer
Grieche hätte längst eine Gesetzmäßigkeit darin entdeckt,
ich selbst habe lediglich Vermutungen. Auf dem Fußboden
dieses alten Hauses zeigt sich weißgrauer Schimmel. Nein,
ich muß wissenschaftlicher sein: nur auf den *alten* Fliesen
dieses Bodens. Das Haus ist niedrig, eine Bauernkate. Der
ursprüngliche Dachboden wurde um einen Meter erhöht,
sonst könnte man da nicht stehen. Vielleicht hingen dort
einmal getrocknete Tomaten und Pfefferschoten, wie bei
den Nachbarn. Ich habe mich erkundigt, wer hier früher
gewohnt hat, und bekam als Antwort einen Namen und
drei Eigenschaften: arm, sehr alt, tot. Die alten Fliesen haben dieselbe Farbe wie die Erde draußen, trocken, eisenhal-
tig, rostfarben. Die neuen Fliesen sind ebenfalls rot, doch
sie haben die Natur nicht nachgeahmt, das können neue
Fliesen nicht. Sie sind nicht echt, der Schimmel mag sie
nicht. Wenn der Schimmel kommt, bin ich immer befremdet, das ist das Wort, das dazu paßt. Befremdet.
Vom oberen Stockwerk führt eine offene Treppe aus zehn
groben Steinstufen nach unten, und schon sehe ich es,
grauen pulverartigen Schnee, in den ich meine nackten
Füße setzen muß. Das Gefühl dabei ist angenehm und unangenehm zugleich. Wenn ich mich umdrehe, sehe ich
meine Spuren, rot, schmaler als ein Fuß. Es hat geschneit,

denke ich. Aber nicht von oben, wie es sich gehört. Dieser Schnee kommt aus der Erde, und dennoch verbinde ich ihn mit dem Mond, genauer: mit der Abwesenheit des Mondes. In der Stadt sehe ich ihn nur rein zufällig (schau mal, der Mond), hier warte ich auf ihn. Ich habe eine Karte mit seinen Phasen.

Hinter der ersten Steinmauer liegt ein Kaktushain, dahinter hat der Bauer, der ein Stück weiter wohnt, einen Schattenplatz für seine Schweine. Paradiesschweine sind es, sie liegen unter einer Baumgruppe, ihr Ruheplatz ist überdacht. Gewölbt wie das Oberteil eines riesigen Planwagens, so sehe ich die Bäume von meiner Seite aus, wie *eine* große raumgreifende Krone. Wenn der neue Mond kommt, setzt er sie sich auf: Langsam rollt er über die gewölbte Seite nach oben, bis er auf dem höchsten Punkt ist, dann schert er sich fort, in die Dunkelheit hinein. Vergesse ich einen Moment lang hinzuschauen, ist er bereits verblaßt, nicht mehr so melonig, sondern scharf und silbern, ein ganzes Ende entfernt.

Doch wenn er da ist, kommt der Schimmel nie. Auf der Karte mit den Mondphasen kann ich ablesen, wann der Mond ausbleibt. Das nenne ich die komischen Tage, und ich mag sie nicht. Der letzte nageldünne Schemen ist verschwunden, und ich fühle mich allein auf See, ich muß warten, bis er wieder zurückkehrt, bis er wieder, noch lange nicht er selbst, hinter dem Liegeplatz der Schweine hervorklettert. Wenn die komischen Tage da sind, kommt auch der Schimmel, ich bin mir sicher, daß es mit dem Mond zusammenhängt, er schneit durch die Erde hindurch zu mir. Ich habe die Erde nicht mit einem Betondeckel verschlossen, die Fliesen sind aus Erde gebrannt und liegen direkt auf ihr. Mond, Wasser, Erde, Schnee, Fliesen, Schimmel, sie haben ein Komplott geschmiedet, mir werden Botschaften geschickt.

Zum Haus gehört auch ein Brunnen (ich habe kein Wasser, bekomme es von einem Bauern), und dieser Brunnen gehört zu einem Drittel mir. Er ist ausgetrocknet, die beiden anderen Eigentümer haben eigenes Wasser und wollen es so belassen. Der Brunnen liegt nicht auf dem zum Haus gehörenden Land, sondern etwas weiter entfernt, unter Feigenbäumen. Manchmal schaue ich hinein und sehe mich nicht in der Tiefe, nur Erde sehe ich – und Unkraut. Ein Drittel dieses Unkrauts gehört mir. Im vergangenen Jahr kam jemand zu mir, eine Frau. Hinter ihr stand ihr Sohn. Sie wollte fragen, ob sie einen Brunnen bohren dürfe. Ich sagte, daß nicht ich das zu entscheiden hätte, doch darin irrte ich mich. Wasser ist hier von großer Bedeutung, und ein altes Gesetz besagt, daß niemand einen Brunnen bohren darf, der weniger als einhundertfünfzig Meter von einem anderen Brunnen entfernt liegt. Mein Brunnen war zwar tot, aber immer noch »gültig«. Bei der Gemeindeverwaltung hatte die Frau die drei Namen der Eigentümer des toten Brunnens erhalten. Die beiden anderen hatten ihre Zustimmung bereits erteilt. Ich war ebenfalls einverstanden und setzte meine Unterschrift unter die beiden anderen. Diese glichen der meines Großvaters, eine alte Art zu schreiben, Buchstaben, mit Mühe zu Papier gebracht, eine Signatur, die noch Zeichen setzt. Doch der Gedanke an Wasser ließ mich nicht mehr los.

Das Meer ist hier nah, und wenn ich über schwer zu überwindende Felsen klettere, sehe ich Grotten, tiefe Höhlen, in denen das Wasser verschwindet, ich höre es ticken, rauschen, glucksen, schreien, schlagen, das hängt von seiner Stimmung ab. Hier handelt es sich um das andere Wasser, das salzige, es wird hin und her gezerrt vom Mond, vom System. Aber ich habe ganz nah am Meer uralte Brunnen mit Süßwasser entdeckt. Wenn ich hineinschaue, sehe ich einen Unbekannten, einen Kopf ohne Körper, zu weit entfernt, um ihn zu erkennen, so tief liegt das Wasser. So tief liegt es auch unter meinem Haus, aber es ist da, ich weiß es. Manchmal, wenn die geheime Übereinkunft zwischen Mond und Erde stimmt, schneit es als Schimmel durch die Fliesen herauf. Das sind die Tage, in denen ich nicht mein Gesicht gespiegelt sehe, sondern die Füße. In der größten Hitze des Sommers fege ich den weichen, pulvrigen Schnee weg, Mondpuder, so leicht, als existierte er nicht. Wenn ich ihn hinaustrage, hat er die Farbe von Asche. Ich streue ihn auf die rote Erde, und der Wind nimmt ihn mit. Drinnen schneit es leise weiter, unabwendbar, so wie ein Mensch ergraut. Ich räume den sommerlichen Schnee, und nach einem Tag ist der Winter vorbei, jetzt wird es einen Monat lang nicht mehr schneien.

Mein Haus ist ein Haus der Jahreszeiten. Manche dauern einen Tag, andere eine Woche. Sie verweigern jeden Bezug zu den richtigen Jahreszeiten, diesen vier Routiniers. Aber auch meine haben, selbst wenn sie keine Namen tragen, ihre Boten. Gestern tauchte die erste gefiederte Motte auf. Irgendwo im Herzen des Sommers feiert sie ihr kurzes Dasein, danach sehe ich sie nicht mehr. Die Motte müßte eigentlich im Plural stehen, auch wenn eine aussieht wie die andere. Kleiner als ein Kolibri, aber nicht viel. Ich nenne sie Pelzmantel. Manchmal sind sie fast so groß wie ein Daumen, und sie fliegen mit Hilfe eines schlechten Radarsystems. Grauer Pelz, dem ähnelt ihr Leib noch am ehesten. Wenn das Schicksal sie trifft, fliegen sie durch den Perlenvorhang ins Haus und verstecken sich irgendwo, Flugzeuge, in der Wüste gestrandet. Im Morgenlicht werden sie aktiv, steigen auf, knallen überall dagegen oder wühlen sich in etwas hinein. Ratloses Summen, dumpfer Aufprall. Ich wache davon auf und gehe, um ihnen zu helfen, Aluminiumtöpfchen in der einen Hand, dünnes Buch in der anderen. Ich fange sie, und mit dem verzweifelten Ticken im Töpfchen gehe ich hinaus und lasse sie frei.

Auch die Zeitungsausschnitte haben ihre Jahreszeiten, Monsune, Hundstage, wie soll ich es nennen? Es gibt Tage, an denen sie weitaus vergänglicher sind als an anderen.

Dann duften sie süßlich nach Verfall, als hätte es eine merkwürdige Rosenernte gegeben, die zu lange liegengeblieben ist. Diese Jahreszeiten folgen schnell aufeinander, manchmal gibt es jede Woche eine. Ich trete in mein Arbeitszimmer, und der Geruch ist da. Zeitungsausschnitte sind empfänglich für das Verlangen nach Unwetter. Alles ist Wetter, das weiß ich auch, aber es gibt eine Art von Wetter, das furchtbar gern Unwetter werden möchte, es aber nicht kann. An solchen Tagen duften meine Ausschnitte am

stärksten. Niemand braucht mir zu glauben, aber es gibt auch Tage, an denen sie überhaupt keinen Geruch absondern. Ich bin der Gärtner der Zeitungsausschnitte. Die *Frankfurter Allgemeine* riecht anders als der *Corriere della Sera*. Am intensivsten riechen spanische Zeitungen. Sie liegen hier zu Hunderten, auch noch vom vorigen und dem vorvorigen Jahr, ich weiß das, denn ich kann sie unterscheiden wie ein blinder Weinverkoster.

Das Geschriebene in Zeitungen: Schriftzeichen mit einem Januskopf. Durch die Aufeinanderfolge von Nachrichten und Kommentaren suggerieren Zeitungen eine zusaMmenhängende Welt, und gleichzeitig enthüllen sie deren fundamentale Zusammenhanglosigkeit. Diese wiederum hängt mit einer gespaltenen Synchronizität zusammen. Was im Iran geschieht, geschieht synchron zu den Ereignissen im Rest der Welt, doch die Kräfte, die den Fundamentalismus bewegen, stammen aus einer geistigen Welt, an die wir uns zwar noch von unserem eigenen Mittelalter her erinnern können, die aber nicht mehr synchron mit der Welt nach der Aufklärung verläuft, obwohl sie über deren technische Möglichkeiten verfügt. An dieser Schizophrenie kann man sterben, und das geschieht auch in großem Umfang.

Geisel und Terrorist leben in ein und derselben Welt. Die Zeitung, die diese Welt beschreibt, gibt ihr, und sei es nur durch ihre erkennbare *Form*, einen Zusammenhang. Doch woran die Geisel, der Terrorist oder beide sterben, ist gerade das Fehlen eines Zusammenhangs, die Explosion, die stattfindet, wenn zwei Arten geistiger Zeit einander berühren. Der Passagier im supermodernen Flugzeug stirbt nicht an der Kugel des 20. Jahrhunderts aus der Pistole des Terroristen, sondern an der Tatsache, daß er sich an einem Zeitpunkt befindet, an dem seine Anwesenheit keine Verbindung mit derjenigen eines schiitischen Fundamentalisten auf Kamikazemission herstellen kann. Die Geschichte wird alle diese Opfer und Täter in einem künftigen Kapitel auf ein paar Absätze reduzieren und den Ereignissen damit den Anschein eines Zusammenhangs geben, obwohl der Konflikt genau darin seine Ursache hat, daß es diesen nicht gibt. Damit wird die Welt, vor allem weil wir derzeit so viel davon haben, immer rätselhafter. Und je offener und rätselhafter die Welt wird, um so mehr neigen Gruppen, Stämme, Regionen dazu, sich ihr zu verschließen, sich abzusondern, abzuspalten. Für viele Menschen muß die Welt *zu* sein. Zu, absolut, geschlossen. Baskisch, schiitisch, korsisch oder arisch *zu*. Das *Zu* der geschlossenen Systeme, der reinen Sprachen. Der Sikhs, der IRA, der ETA[1]. Egal um welchen Preis.

Heute duften meine Zeitungen stärker als sonst. Spätauslese: ein Tisch voll ETA. Dies waren die Wochen der Vorwürfe des Innenministers Barrionuevo[2] an die Adresse der Richter im Baskenland, die Wochen der Distanz, auf die der Justizminister Ledesma ging, der so zutage getretenen Uneinigkeit in der Regierung, der wütenden, mitunter höhnenden Kommentare der Presse an die Adresse von Fe-

1 Abkürzung für baskisch Euskadi Ta Azkatasuna (»das Baskenland und seine Freiheit«).

2 José Barrionuevo: Von 1982 bis 1988 spanischer Innenminister, wurde 1998 zu zehn Jahren Haft verurteilt. Er soll einer der Drahtzieher bei der Entführung eines Unternehmers durch die GAL (Antiterrorkommando der spanischen Polizei) gewesen sein. Er wurde inzwischen wieder freigelassen.

lipe González, dem vorgeworfen wird, er könne keine Ordnung im eigenen Haus halten, der Unterstützung des
höchsten Organs der Judikative für die von Barrionuevo
beleidigten Richter, der Verurteilung einer Reihe von Angehörigen der *Guardia Civil* wegen Folterung, der Beisetzung von Lucía Urigoita, aufgefunden mit einem Genickschuß nach einem Angriff der Polizei, bei dem mehrere
Terroristen verhaftet wurden. Es erfordert Intelligenz, den
baskischen Terrorismus zu verstehen, aber es erfordert eine
andere geistige Instanz, die ich weniger schnell benennen
kann, ihn nicht verstehen zu wollen. Ich merke an mir
selbst, daß ich es nicht ertragen kann: Ich werde krank von
dem schnellen Mord von einem Moped aus, von der Zeit-
bombe, die achtzehn junge Soldaten ausradiert, von den
Fotos mit halb aus dem Auto hängenden Leichen, zer-
schossenen Gesichtern, von der im düsteren Zeitungs-
schwarzweiß ewiggleichen Lache geronnenen Blutes.
Ich habe auch gemerkt, daß meine demokratischen In-
stinkte in solchen Augenblicken weniger rein sind als die
spanischer Richter und weniger rein, als ich gehofft hatte.
Ich bin gern bereit, mich dafür zu schämen, was ich auch
tue, aber die Wut von Barrionuevo kann ich mir trotzdem
vorstellen. Er steht als Innenminister an der Spitze der Ter-
rorbekämpfung. Das ist schon seit Jahren so, und jeder
neue Mord, Anschlag, Überfall ist eine verlorene Schlacht
in einem Krieg. Nach dem abscheuerregenden Massen-
mord in Barcelona (achtzehn Unschuldige sind eine Masse) hat Barrionuevo eine Reihe von Vorschlägen gemacht,
die zeigten, daß er im Kampf gegen den Terrorismus einige
in der Verfassung verankerte Grundrechte nicht allzu ernst
nimmt. Juristische Sorgfalt schien ihm zuweilen hinderlich

beim raschen Handeln, Pressefreiheit könne in manchen Fällen eine Untersuchung beeinträchtigen. Das hat er gesagt, und das ganze Land, das in genau dieser Woche den zehnten Jahrestag der neuen Verfassung feierte, ist über ihn hergefallen. Ein Buschfeuer heftiger Kommentare wütete in allen Zeitungen, und mitten in dieser Kontroverse drang die *Guardia Civil* in einen Unterschlupf der ETA ein, während am Tag darauf wieder eine Autobombe in Eibar hochging, »*con un saldo*« (mit einem Saldo), wie *El País* schrieb, von sieben verletzten *Guardia Civiles* (zwei davon schwer) und dreizehn anderen.

Ich hatte mir wieder zwei neue Wörter notiert: *a bocajarro* und *a quemaropa*. Der tote *etarra*, wie baskische Terroristen auf spanisch genannt werden, bekam einen Schuß ins Genick *a bocajarro*. »Mit der Mündung auf der Brust«, sagt mein Wörterbuch, und dieselbe Übersetzung führt es für *a quemaropa* an, den Ausdruck, der an anderer Stelle in dem Bericht verwendet wird. *Quemar* heißt brennen, und *ropa* sind Kleider. Was damit gemeint ist, ist klar: Der Genickschuß war den Berichten zufolge mit dem Lauf am Genick abgegeben worden, und genau daran entzündete sich die Kontroverse. Was ist erlaubt im Kampf gegen Terroristen und was nicht? Die Richter gaben ihrer Auffassung Ausdruck, indem sich einer von ihnen sofort mit dem Staatsanwalt zu dem Ort begab, wo die anderen, die gefangenen Terroristen verhört wurden. Dagegen protestierte die *Guardia Civil* mit der Begründung, ein erstes Verhör könne von höchster Bedeutung für die Untersuchung sein. Doch *El País* berichtet, die schnelle Anwesenheit der richterlichen Macht hänge damit zusammen, daß es beim Tod von

Lucía Urigoita vermutlich nicht mit rechten Dingen zugegangen sei. Bei der richterlichen Vernehmung war niemand von der Polizei zugegen.

Worauf läuft dies alles nun im Kopf eines Angehörigen der *Guardia Civil* hinaus? Allein in den vergangenen zwei Wochen haben zwei *guardias*, die nach Bilbao versetzt werden sollten, Selbstmord verübt. Ihr Los ist nicht verlockend. Sie befinden sich permanent im Krieg in einem Land, das sich nicht im Krieg befindet. Der unsichtbare Gegner verwendet Minen, ferngezündete Bomben sowie alle *hit-and-run*-Methoden aus dem großen Buch. Wenn sie ihre Familie mitnehmen, lebt diese in einer Version der Hölle, denn neben der ständigen Angst gibt es auch noch den Abscheu und die Geringschätzung der Menschen, unter denen sie leben, Kinder, die in der Schule geschnitten und gepiesackt werden, und die ganze Litanei des Unheils, das dazu gehört.

Bezüglich besagten Genickschusses gibt es zu dem Zeitpunkt, zu dem ich dies schreibe, noch keine Klarheit, die

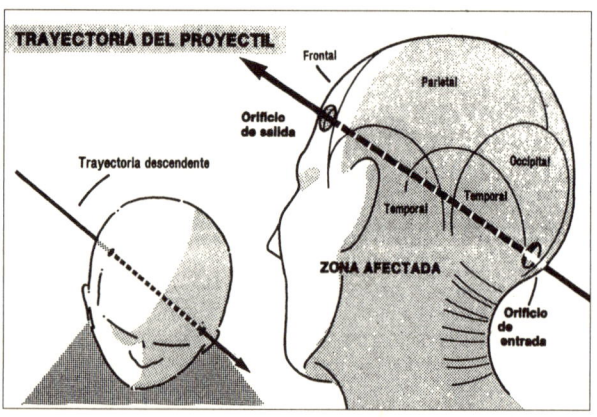

Kugel kann auch durch die Brust eingedrungen sein. Die Regierung hat über das Innenministerium den Richtern im Baskenland den Vorschlag unterbreitet, alle den ETA-Terrorismus betreffenden Fälle, das heißt, auch die Anschläge, Geiselnahmen etc., die außerhalb ihres Gebiets stattfinden, im Baskenland abzuhandeln. Diese klare Geste der Versöhnung soll Barrionuevos Kritik neutralisieren. Der Präsident des Allgemeinen Rats der Richterlichen Macht, wie das hier heißt, Antonio Hernández Gil, hat eine Unterredung mit González gehabt und wird darüber berichten, und die PSOE hat alle Parteien, Institutionen und »sozialen Gruppierungen« um ihre Mitarbeit im Kampf gegen den Terrorismus gebeten. Der Bürger begnügt sich mit den Bildern: der bärtige Chef der *Guardia Civil*, in Zivil, am soundsovielten Krankenbett eines verletzten *guardia*, der mit stechendem Blick und starrer Miene in die Kamera blickt, und die Beisetzung von Lucía Urigoita. Fahnen, geballte Fäuste, der Sarg wie ein Schiff, das über die Menge fährt, eine auf baskisch gehaltene Messe mit drei Priestern, die auf den Straßen von Otxandio skandierte Parole, daß »das Volk dies nie verzeihen wird«. In der Predigt sagte einer der drei Priester, daß »der gewaltsame Tod nie akzeptabel ist«, und genau an diesem Punkt zweifele ich an meinem Verstand. Eine Heldenbestattung für jemanden, der nichts anderes im Sinn hatte als den gewaltsamen Tod anderer. Nochmals: Ich soll mir vorstellen können, daß aufgrund eines für mein Gefühl hysterischen und rückwärtsgewandten Nationalismus die Minderheit eines Volkes die Mehrheit zwingen will (längst nicht alle Basken wollen einen unabhängigen Staat), eine Querstraße der Geschichte einzuschlagen, aber muß ich mir auch vorstellen können, daß sie dafür zu jeder Form von Zwang und Mord bereit ist? Und stimmt es, daß der pathologische Hang zum Eigenen, der die Grundlage jedes Separatismus ist, daher kommt, daß die Menschen die Offenheit und Verwirrung der Welt, wie sie mittlerweile in Erscheinung tritt, nicht mehr ertragen? Darin besteht dann gleichzeitig das Paradox, denn so tragen sie zur Verwirrung anderer bei, jedenfalls zu meiner.

Die Offenheit der Welt, demonstriert in allen Zeitungen. Ich kann an allem teilnehmen, ohne daran teilzunehmen. Noch *ein* Foto, aus *El Independiente* vom 18. Juli. Der Ausschnitt schlummert hier schon eine Weile, bald kommt er in die Mappe für die späteren Jahre, dann darf er Geschichte werden. Und auch dann wird mich noch dieses selbe Gesicht ansehen, eine Frau, die ich auch im Zug oder auf der Straße hätte sehen können und die mir möglicherweise aufgefallen wäre. Ein ausdrucksstarkes Gesicht, große, weit geöffnete Augen. Ich kann nicht sehen, was die Frau denkt, ich darf in das Rätsel dieses Gesichts nichts hineinprojizieren. Es war nie vorgesehen, daß ein Foto von ihr in die Zeitung kommen sollte. Sie war, was ich früher unter einer Scheingestalt verstand, jemand, der nicht wirklich da ist. Es war nicht beabsichtigt, daß man sie erkennen sollte, sie lebte nicht unter ihrem eigenen Namen María Inmaculada Noble Goicoechea. Namen darf man nicht übersetzen, doch die Bedeutung schleicht sich mit ein, ohne daß man etwas dazu tut: unbefleckt, nobel.

Ihr Foto ist in ein größeres montiert, das ich bereits kenne: das des grausamen Anschlags auf der Plaza de la República Dominicana in Madrid, bei dem zwölf *Guardia Civiles* ums Leben kamen. Man kann hin und her schauen von diesem

Frauengesicht zu dem aufgerissenen Autobus auf dem
Platz. Daran ist nichts Demagogisches, es gibt da aber eine
direkte Verbindung, die Frau hat alles ausgekundschaftet,
wie in einem richtigen Krieg, unerläßlich fürs Timing, für
den Ort des Hinterhalts. Der Artikel nennt alles, Namen,
Adressen, die Bewegungen über die französische Grenze,
die vielen Helfer, die Organisation, den Namen der Zeit-
schrift, die sie bei der Verabredung mit einem noch unbekannten anderen Terroristen unter dem Arm trug, die
Kennworte, alles, was in einem Film so schön ist, was aus
Filmen, die eine Wirklichkeit nachahmen, in eine perverse
Sequenz von Schein und Wirklichkeit übernommen wurde
und jetzt bei einem Publikum angelangt ist, das aus der
Ferne zuschaut, wie die Leichen geborgen werden. Er er-
zählt auch vom Beschatten neuer, diesmal individueller
Opfer, von ihren Lebensgewohnheiten, den Zeiten und
Orten ihrer geplanten Verletzbarkeit, und nennt dann,
zum Schluß, den Namen ihres Verlobten, der sie in die
ETA holte. Einen Moment lang wünschte man, die Frau,

die zu diesem Gesicht gehört, hätte es deshalb getan, doch das ist zu banal, eine solche Form von Verständnis darf hiermit nicht vermischt werden, es muß rätselhaft bleiben, sonst ist es nicht zu ertragen.

Ein englischer Satz geht mir nicht aus dem Kopf. Er stand am Ende eines langen Artikels in der *New York Review of Books* vom 11. Juni, in dem eine Reihe von Büchern über den kalten Krieg und die englisch-sowjetischen Beziehungen in den Jahren davor besprochen wurde. Der Satz stammt aus dem Bericht eines englischen Diplomaten, Owen O'Malley, der seinen Protest gegen die bewußte Blindheit Englands gegenüber der sowjetischen Verantwortung an der Ermordung der polnischen Offiziere bei Katyn mit einem Zitat des britischen Historikers Headlam-Morley beendet: »Was an internationalen Angelegenheiten nicht zu rechtfertigen ist, stellt sich langfristig meist als politisch untauglich heraus.« Und dann doch wieder ein Paradox: *International* sind diese *Angelegenheiten* erst dann, wenn man gemäß der Ideologie der ETA denkt. Das war schließlich ihr Ansatzpunkt. Spanien ist Ausland, eine Besatzungsmacht, die den heiligen baskischen Boden besetzt hält. Von hier ist es nur ein kleiner Schritt bis zum Blut.

DER NAME DER BLUME

»Le soleil déteste la pensée«, hat Oscar Wilde einmal gesagt. Warum er das auf französisch tat, weiß ich nicht, jedenfalls ist der Satz in dieser Form zu mir gelangt. Die
Sonne verachtet den Gedanken. Wenn die Hitze den Steil-
hang Richtung vierzig Grad erklimmt, arbeitet das Gehirn
anders, wie ich merke. Von den Felsen ins Meer zu sprin-
gen hilft manchmal, doch danach mahlen die trägen Gedanken wieder weiter. Diesmal begann es mit einer seltsa-
men weißen Blüte auf einer trockenen Sandfläche zwischen
zwei Felspartien: als träfe man mitten in der Sahara plötzlich eine Frau, kühl, geschminkt, schön, in einem Abendkleid von Saint-Laurent. Wie heißt diese Frau? Man
könnte sie fragen. Aber wie heißt diese Blume? Sie gibt
keine Auskunft. Ich beuge mich in der Hitze vor, achte auf
meine nackten Knie zwischen den harten, stachligen Pflanzen um sie herum. Die weiße Blüte ziert sich, ihren Duft
abzugeben, doch als ich schon fast in ihr versinke (ich will
sie nicht pflücken), rieche ich den süßlichen, ach so leichten Duft, wie bei einer Frau, deren Parfüm von gestern
noch nicht ganz verflogen ist. Aber wie heißt sie?
Namen, benennen. Unwiderruflich kommt der Augenblick, an dem man sich wundert, daß man sich erstmals der
Willkür bewußt wird, mit der wir den Dingen einen Namen geben, dem sie danach nicht mehr entrinnen können.
Sie sind, was uns betrifft, ihr Name geworden, und damit

hat sich's. Klassifiziert, eingeteilt, *benannt* und damit irgendwie ihres Selbsts beraubt. Ich weiß noch genau, wann mich das zum erstenmal beschäftigt hat, und sei es nur deshalb, weil es zu meiner Verblüffung eine emotionale Erfah-

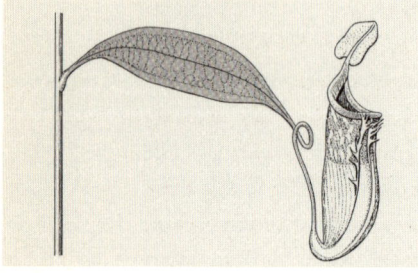

rung war. Das fragliche Ding, eine fleischfressende Pflanze mit Namen *Nepenthes*, sah ich im Urwald von Borneo, und jemand hatte mir erzählt, daß es sie schon seit Millionen von Jahren gebe. Nicht *die* Pflanze, die dort vor mir

stand und die ich mit ihrem offenen, lockenden Mund und der libidinösen Freßgier ein wenig gruselig fand, sondern die Gattung.

Es habe, so erzählte mein Gewährsmann, einen Streit zwischen zwei Namensgebungen gegeben, und der Name *Nepenthes* habe gesiegt. Auf niederländisch heißt sie *bekerplant*, Becherpflanze, auf deutsch Kannenpflanze, und beides stimmt mit der Form ihrer Blüte überein. Sprache ist immer eine Metapher, und hier hatten wir also eine doppelte, doch damit konnte ich mich zufriedengeben, als Beschreibung schien der Name recht passend und war nicht unzulänglicher als die meisten Namen, die mit einem einzigen Wort das Wesen von etwas heraufbeschwören und eigentlich auch *sein* sollen. Was ich merkwürdig fand, war, daß etwas, das bereits Jahrmillionen existiert hatte, ohne Kannenpflanze zu heißen, jetzt, was uns betraf, plötzlich auch schon in all den menschenlosen Jahren (sie war schließlich vor uns da) so geheißen hatte. Sonst kann man ja den Satz »Die Kannenpflanze existiert schon seit Millionen von Jahren« nicht aussprechen. Aber ganz abgesehen von der Tatsache, daß die Dajak[1] auf Borneo natürlich einen eigenen Namen für sie hatten, der älter war als *unserer*, schien noch mehr nicht zu stimmen. Kann man etwas rückwirkend benennen? Ohne es zu wissen, hatte ich mich in den mittelalterlichen Universalienstreit verstrickt, den Krieg zwischen Nominalisten und Realisten. Allgemeine Begriffe (Blumen, Bäume) existieren für die Nominalisten nur als Wörter in der Sprache, als Namen (Nomina). Sie haben keine Entsprechung in der Wirklichkeit. Der Name ist nicht das Ding, er bezeichnet es nur. Die scholastischen Realisten behaupteten das Gegenteil: Wenn man Kannenpflanze sagt, spricht man von einem tatsächlich existierenden Objekt und nicht von einem *Wort*.

Von diesem gelehrten Schlachtfeld, das die Philosophen nie ganz verlassen haben, ahnte ich seinerzeit in Borneo wenig, ich war selbst dabei zu denken – oder was als solches durchgehen mag. Völlig unschuldig war ich natürlich nicht, aber das Verschwommene der Beziehung zwischen Namen und Dingen ging mir mit einemmal schlagartig auf. War diese Blume vor mir nun eine Kannenpflanze und war das alles, oder gab es etwas, das ich nie wissen, nie kennen würde und das sich nie beschreiben ließe? Existieren heißt bemerkt werden, doch wie war es der Kannenpflanze ergangen, bevor jemand sie wahrgenommen hatte? Wer sagt, daß sie damals schlicht nicht existierte, gehört zu denjenigen, die behaupten, daß sie in Kürze, wenn es niemanden mehr gibt, der sie bemerken kann, auch nie existiert

1 Dajak (auch Dayak): Sammelname für die Völker und Stämme besonders im mittleren Teil von Borneo, Mittel- und Südkalimantan, Indonesien.

haben wird. Doch ich sah sie dort vor mir stehen, hungrig auf Fliegen und andere des Weges Kommende wartend. Sie war bemerkt worden und hatte als Besiegelung dessen einen Namen erhalten. Und dennoch, inwieweit war die Pflanze nun dieser Name oder dieser Name die Pflanze? Ich erinnere mich vor allem an die Eigenartigkeit des Augenblicks, als sei ziemlich viel zwischen dieser Blume und mir vor sich gegangen. Es war heiß (heißer als hier), drückend, stickig, und ich hatte Zeit, darüber nachzudenken. Die Pflanze stand da und strahlte sich aus, um es mal so zu sagen, und ich sah sie. Doch was bedeutete das? Ganz sah ich sie nie, davon konnte keine Rede sein. Ich sah nur die Seite, die mir zugewandt war, nicht die Wurzel, und auch die Nachtgestalt entging mir. Zudem konnte ich sie nur an dieser Stelle, zu dieser Zeit entdecken. Ich sah nur eine, und dann auch noch mit meinen Augen und nur den meinen – an sich vielleicht objektive Instrumente, aber da sie in meinem Kopf sitzen, sind sie doch der Herrschaft meiner subjektiven Person unterworfen. Konnte ich die Blume damit erkennen? Von diesen Gedanken wurde sie immer mächtiger, das ließ sich nicht ändern.

Ich erahnte etwas von ihrer Autonomie, ihrem Mich-nicht-Brauchen, doch es gelang mir nicht, mit Worten in die Nähe meiner Intuition zu gelangen. Mit der Nachlässigkeit, mit der ich »Dingen« bis dahin begegnet war, war es vorbei, ganz klar. Das war nicht unangenehm. Das leichte Schwindelgefühl des Unerklärlichen hatte was. Dieses komische Gefühl kann man sich natürlich nicht immer erlauben, sonst würde die Welt der Erscheinungen zu mächtig. Wahrscheinlich ist es besser für uns, die Dinge als Namen zu sehen, sonst tanzen sie uns auf der Nase herum. Die einzige Art und Weise, sie zu ertragen (oder zu unterwerfen, auch das ist möglich), besteht darin, sie zu benennen, das nimmt ihnen etwas von ihrer Macht: Sprache als Revolver, um die Wirklichkeit in den Griff zu bekommen. Nur die Mystiker gehen unbewaffnet durch die Welt.

Zuweilen kehren diese Borneoer Gedanken zurück. Zum Beispiel, wenn ich eine weiße Blume auf einer Sandfläche sehe, wie diese Woche. Das geht so. Beim Friedhof in dem anderen Dorf biege ich auf einen schmalen Sandweg ein, das Auto paßt genau zwischen die Steinmäuerchen. Dann kommt ein Holzgatter, das muß ich hinter mir wieder schließen. Dreihundert Meter weiter kann ich das Auto im Schatten eines Baumes abstellen. Hierher kommt niemand. Das Sägen von Grillen, ein paar Ziegen, völlig ermattet, unter den Steineichen. Ein Bussard dreht seine geheimen Runden am Himmel, Zeit nur in meinen Schritten und im Stand der Sonne. Ein großer Bauernhof mit leeren, zerstörten Fenstern. Manchmal sehe ich einen Mann, ich weiß nicht, ob er da wohnt oder nur kommt, um die Tiere zu füttern. Ein zweites Gatter. Ob ich den Mann nun sehe oder nicht, ich weiß, daß er mich im Auge behält. Auch dieses Gatter muß ich hinter mir schließen, mit langsamen, sichtbaren Bewegungen die Haken wieder in die metallenen Ösen einhängen. Jetzt ist es noch eine halbe Stunde zu Fuß zum Meer. Links eine nicht mehr benutzte Dreschtenne, ein steinerner Kreis in der Landschaft, dort landeten früher die Götter in ihren Hubschraubern. Rechts ein Tal, rote Erde, als hätte man die Decke vom Wald aufgeschlagen. Manchmal eine Schlange, manchmal ein Wiesel, ein Wiedehopf. Vogelkonzilien in den dichten Sträuchern, sakrales Geflüster, ich verstehe nichts.

Der Weg schlängelt sich abwärts, ich bin hier immer der einzige Mensch. Hohe Brombeersträucher, zu essen gibt es genug, es ist August, der Monat des Kaisers. Nach einer Viertelstunde ein Brunnen in der Bergwand. Er weitet sich nach unten zu und scheint endlos tief, so ähnlich wie ein Spiegel auf der anderen Seite eines Platzes. Derjenige, den ich da unten sehe, wird auch nicht durch seinen Namen benannt. Ich löse den Seemannsknoten am Seil, packe es so tief wie möglich mit meiner rechten Hand und schwinge es hin und her. So wird der Ausschlag des Blecheimers da unten nach rechts und links immer größer, bis der Eimer die unsichtbaren Wände des Brunnens berührt. Dadurch kann ich hören, wie weit er ist. Ich rufe auch, und warte. Drei Normannen rufen zurück, sie sind noch da. Dann gehe ich weiter. Hier sind Phönizier gegangen und Araber. Mauren, sagt man hier. Und Odysseus, der ist hier auch gegangen, es gibt keinen einzigen Grund, warum auch nicht.

Pinien, Steineichen, wilde Olivenbäume. Das Gewicht der Zeit hat am Gespräch der Grillen nichts geändert, das weiß ich. In der Ferne das Meer, Schiffe mit Segeln. Dann ist der Weg durch tote Äste und Bäume versperrt, ich klettere über eine Steinmauer, auf der anderen Seite führt ein schmaler Weg weiter. Die Erde ist hier umgebrochen, Stroh ragt hervor, der Bart eines alten Mannes, und später gibt es nur noch Sand mit dünnem gelblichem Gras, bis man zu den Felsen kommt, wo der Weg wieder aufwärts führt. Ich bin nun ganz nah am Meer, doch zu meinen Füßen liegt eine Wüste. In ihrer Mitte, einmalig, die weiße Blume. Warum will ich wissen, wie sie heißt? Ich will es. Wegen all dessen, was ich eingangs gesagt habe, oder nur, weil ich *weiß*, daß sie einen Namen hat?

Ich will es wissen, doch nun offenbart sich ein anderes Mysterium der Sprache: Ich will es in meiner Sprache wissen. Sonst zählt es nicht. Das stimmt natürlich nicht, und doch ist es so. Ich will erst den Namen wissen, dann kann ich ihn immer noch verwerfen. Und es ist wie auf dem Fischmarkt: Die Fischer kennen nur den Namen, den der Fisch auf der Insel hat. Das reicht ihnen, aber ich »weiß« damit noch nichts, der Fisch weigert sich zu existieren. So sagen wir das doch: Auf niederländisch existiert er nicht, und sei es nur deshalb, weil wir den Namen nicht kennen. Beispiel: Ich kaufe auf dem Markt einen roten Fisch.

Ein Monstrum, gar nicht zu leugnen. Sein Maul ist aufwärtsgerichtet, ein wütender Moralist. Drachenstachel auf dem Rücken, große Augen, für die sein Kopf eine spezielle Beule hat entwerfen müssen. Wie heißt er? *Cap roig*. Roter Kopf.

Zu Hause schaue ich ins Inselkochbuch. Er steht nicht darin. Auch im katalanisch-spanischen Wörterbuch finde ich ihn nicht. Nur das enzyklopädische *Mediterranean Seafood* von Alan Davidson führt ihn, ich erkenne ihn an der Zeichnung. *Scorpion fish*, aber ob er in England tatsächlich so heißt, bezweifle ich, denn dort kommt er nicht vor. *Scorpaena scrofa* (Linné). *Skórpena*, Griechenland. *Cabracho*, Spanien. *Lipsos*, Türkei. *Chapon*, im Midi. *Rascasse*, Frankreich. *Cap roig*. Skorpionfisch. Der Liste der bereits bestehenden Namen hinzugefügt. Schließlich bin ich in seine Nähe gekommen. Wir haben miteinander kommuniziert. Das heißt, ich habe ihn gegessen. *Heten, eten, weten.* Heißen, essen, wissen. Das Verzehren von etwas dient als Beweis für dessen Existenz. Dies ist mein Leib: Vielleicht sind Katholiken aus diesem Grund Theophagen.

Zurück zu meinen Blumen, aber noch nicht zu der weißen. Zuvor eine andere, klein und lila, sage ich, weil ich all die anderen Dinge nicht aussprechen kann. Ein verlassenes Stück Land, trocken. Ich frage, wie die Blume heißt, und bekomme als Antwort den Namen, der auf der Insel gilt: *tàrrec*. Ist *ein* Name nicht genug? Nein, so gehört er mir noch lange nicht. Ich suche im Inselpflanzenbuch. Nicht vorhanden. Jetzt in einer erratischen *Enciclopèdia* nur von dieser Insel. Ich erkenne sie an dem Foto wieder. »Ich kenne Sie von irgendwoher.« *Tàrrec. Salvia verbenaca.* Jetzt kann ich es mit *Thieme's Flora in kleur* versuchen. Oft Fehlanzeige, diesmal nicht. *Salvia verbenaca*: Eisenkrautsalbei. Blätter grob gezähnt oder gelappt. Ich befühle die Blätter, sie bekommen bereits eine andere Dimension. Oberste Zähne des Blütenkelchs zusammengewachsen. Purpur, nicht gefleckt. Zähne zusammengewachsen klingt wie eine Krankheit, nicht gefleckt wie die Leugnung einer Krankheit. Ich weiß nicht, ob ich so über *tàrrec* sprechen will, aber ich bin Thieme doch dankbar.

Jetzt habe ich sie also, aber so will ich sie nicht. *Tàrrec*, so will ich sie kennen. *Tinya negra, llengua de pasarell, poriol, blens de frare, tàrrec*, so heißen die Pflanzen hier. Die Namen sind immer die besten, von denen man glaubt, die Pflanze würde sie selbst wählen, um sich zu beschreiben. Die einzige Kontrolle besteht darin, sich möglichst lange neben die Pflanze zu legen (mindestens ein Jahr) und ein endloses symbiotisches und verliebtes Gespräch zu beginnen. Dazu muß man nicht unbedingt verrückt sein, aber man kann es davon werden, und sei es nur durch diese bar-

barische Aufspaltung von Name und Ding. Aber damit
fange ich jetzt nicht schon wieder an. Meine weiße Blume
heißt *sea daffodil, Pancratium maritimum*. Thieme leugnet
ihre Existenz, sie ist zu schön, zu zart für die Niederlande.
Soviel weiße Heftigkeit, unnahbare Vergänglichkeit, vielleicht ist das nicht gut für uns. Eine Frau im Abendkleid in
der Wüste, das mögen wir nicht, das ist etwas für Mode-
zeitschriften. Die anderen Pflanzen in ihrer Nähe, die
scharfen Messer, an denen ich mich schneide, als ich mich
über sie beuge, um das Geheimnis ihres Duftes zu erfahren,
die kennen wir: *Eryngium maritimum, sea holly*, Strand-
distel. Blattzähne mit speerförmiger Spitze. Ich weiß es.
Disteln sind eifersüchtig. Ich befühle die Blätter der
weißen Blume, sie sind so unendlich zart, ich kann mir fast
keine Frau vorstellen, die es tragen könnte, das Kleid der
einsamen Reisenden, gewoben aus Meersalz und Sand.

»Zurück in die Welt!«
»Aber ich bin auf der Welt!«
»Zurück zur richtigen Welt, der der Ereignisse. Wenn du
dich nicht beeilst, ist sie geschlossen. Das war doch eine
Chronik, oder?«
»Wo waren wir stehengeblieben?«
»Bei den Autonomen Regionen, bei der ETA, beim Ge-
werkschaftsbund, bei den Richtern, bei González ... Aber
es ist schon zu spät, das Land ist geschlossen, Spanien ist
zu!«
»Unmöglich!«
»Schau doch selbst. Alle sind weg. Alle Büros sind leer.
Ganz Spanien schwimmt auf dem Meer, damit kannst du
nirgends mehr landen. Der Palast des Königs ist leer, die

Minister liegen im Wald, die Beamten angeln. Es ist Sommer. Spanien existiert nicht mehr.«

»Aber wie soll das gehen?«

»Wieso?«

»Kann dann nichts passieren?«

»Ich glaube, du hast eine übertriebene Vorstellung von der Politik. Schau doch selbst. Das Land liegt fest verankert an den Pyrenäen, das treibt schon nicht ab.«

»Trotzdem erscheinen Zeitungen.«

»Niemand liest sie.«

»Ich schon!«

»Ja, du …!«

»Aber woher wissen die Leute dann, wie alles ausgegangen ist?«

»Es ist nichts ausgegangen. Alles geht einfach weiter. Aber nicht jetzt. Später.«

»Und was jetzt?«

»Nix. Die Akten sind geschlossen. Der König ist auf Palma und González ganz unten, an der Mündung des Guadalquivir. Möglichst weit voneinander entfernt, muß ich noch mehr sagen?«

»Man könnte meinen, eine leere Schule.«

»He, he, so langsam kapierst du's. Leere Schule, leere Klassen. Bücher zu. Vierzig Grad. Die Sonne verachtet den Gedanken.«

»Aber wie läuft es in den Autonomen Regionen?«

»In einigen haben die Sozialisten zum erstenmal die Mehrheit verloren. Da müssen sie jetzt Koalitionsregierungen bilden, dann lernen sie das auch mal.«

»Und die Gewerkschaften?«

»Du kennst Spanien nicht. Natürlich keine Einigung. Die

Schule wird erst im September wieder geöffnet. Die Welt
ist auf Eis gelegt.«

»Und die Richter?«

»In der letzten Schulstunde hat die Regierung sich ent-
schuldigt. Oder so ähnlich. Kein Streit beim Abschied. Alle
wollen ruhig am Strand liegen. Wenn wir wieder zurück
sind, arbeiten wir alle zusammen gegen den Terrorismus.
Jetzt erst mal ausruhen.«

»Aber wenn doch etwas passiert?«

»Das sehen wir dann.«

Und so ist es. In der Hitze des Mittags läuft eine Eidechse
über die brennenden Steine des Innenhofs. Hinter den
Mauern des Hauses höre ich, wie jemand den harten Boden aufhackt. Und in der Ferne ertönen die Schüsse meines
Nachbarn, der Kaninchen jagt. Kein Grund zur Beunruhi-
gung. Ich schaue auf die Pflanzen, die ich von meinem
Zimmer aus sehen kann, und die Pflanzen schauen zurück
als die, die sie sind. Kaktus, Unkraut, Geranie.

HITZE, SCHNEE UND LIEBE

Daß die Zeit, seit sie begonnen hat, nie mehr hat aufhören
können zu bestehen, ist angesichts ihrer Natur nur logisch.
Sie tut ihre Pflicht, genau wie der Raum. Dennoch gibt es
Augenblicke, in denen ein Gedanke dazu einen anfliegt wie
ein nicht zu ertragendes Geheimnis. Warum geht es mir so
bei der Zeit, nicht aber beim Wetter? Das irdische Wetter
gibt es natürlich bei weitem nicht so lange wie die Zeit,
doch auch das Wetter ist, seit es Wetter gibt, ein 24-Stun-
den-Betrieb. Es gibt nie *kein* Wetter. Die Fabrik arbeitet

ständig, denn Wetter, habe ich gelernt, wird erzeugt. Es gibt stets ein Warum/Darum. Etwas kommt von irgendwoher und verursacht irgendwo anders etwas anderes. Denn es gibt nicht nur immer Wetter, es ist auch immer überall, sogar wenn wir sagen, das ist doch kein Wetter. Früher war das einfach. *Jemand* hat es gemacht. Damals konnte man das Wetter höheren und niedrigeren Göttern zuordnen, die ziemlich willkürlich damit umsprangen. So konnte man sich einbilden, man sei fähig, es beeinflussen zu können. Das hat man uns genommen. Wetter ist jetzt einfach eine Anhäufung voneinander abhängiger und aufeinander einwirkender materieller Umstände, die sich miteinander verschwören, damit das Wetter zur selben Zeit überall anders ist. Und da das Wetter, genau wie die Zeit und der Raum, siehe oben, einfach die Pflicht hat, dazusein, und diese Pflicht dadurch erfüllt, daß es, egal was für ein Wetter es ist, doch immer da ist, ist es eigenartig, daß wir ihm ethische Qualifikationen zuweisen. Gutes Wetter. Schlechtes Wetter.

Aber wir wollen nun mal alles nach unseren Vorstellungen gestalten, und wenn das nicht möglich ist, wie beim Wetter, dann beschwören wir es mit Worten, einfache Messungen genügen da nicht. Gestern waren es 47 Grad in Madrid, das kann man nicht einfach so sagen. Dazu gehört ein bestimmter Ton. Verzweiflung, Empörung. In solchen Augenblicken verliert das Wetter seine technische Dimension und wird von uns beseelt, mit einer geistigen Persönlichkeit, einem Charakter ausgestattet. Das Wetter ist *schlecht*. Es ist uns feindlich gesinnt. Es hat sich aus der Sahara herbefördern lassen und wie ein massiver Block auf Spanien gelegt, paßgenau. Wir hocken darunter, ich auch. Und es ist totenstill. Kein Wind. Nichts regt sich, sagt der Dichter, und das stimmt. Der verwilderte Geranienstrauch an meiner Natursteinmauer imitiert deren Steine in ihrer verblüffenden Reglosigkeit, spielt sich als Radierung auf, suggeriert, sie sei fertig, wartet auf die Signatur des Künstlers. Jetzt wird er nie mehr weiterwachsen, aber auch nicht verdorren und eingehen.

Alles steht still, die Erde ankert in einem Weltall, das sich nicht bewegt. *Bochorno*. So nennen Spanier dieses Wetter. Das Wort ist männlich, sagt das Wörterbuch, und das stimmt, denn es ist eine feindselige Stille. *Bochorno*, Gluthitze, trockene Hitze. Letzteres stimmt nicht, *bochorno* ist ein feuchtes Tuch aus Stickigkeit, das man nicht wegziehen kann, denn meine Haut ist selbst zu diesem Tuch geworden. Es ist die Zeit der gefährlichen Illusionen, der Spukgeschichten, jener ratlosen *faits divers*, die zum Sommer gehören, Geschichten, die real nicht vorkommen können, Stoff für Legenden, die von niemandem geschrieben werden, weil niemand sie glauben würde. Dann schreibt das Leben sie eben. Schlechter Schriftsteller, immer gewesen, stets auf Effekt bedacht, besitzt zuviel Phantasie. Altmodisch ist er auch, müßte mehr moderne Literatur lesen. Schauergeschichten, darin ist das Leben gut, Horror, man liest es am Strand, um sich zu zerstreuen. Was das Leben schreibt, hat man im Nu aus, genau wie die Hauptfiguren.

Schnee und Liebe sind spanische Mädchennamen. Die Qualitäten und Attribute der Heiligen Jungfrau haben sich zu Frauennamen verselbständigt. Dolores kommt von Maria de los Dolores, Carmen von Maria vom Berg Karmel, Pilar von Maria del Pilar (dem Pfeiler in der Kathedrale von Zaragoza, in die Sie, wie Gerard Reve[1] sagen würde, Ihren Fuß gesetzt hat). Die Mädchen in dieser Geschichte heißen Maria del Amor und Maria de las Nieves. Von der Liebe und, schwieriger, vom Schnee im Plural. Wir nennen sie Liebe und Schnee. Das unantastbare Schicksal hatte beschlossen, daß beide am selben Tag, zur selben Stunde, auf derselben Straße in zwei verschiedenen Autos und aus entgegengesetzter Richtung kommend zusammenstoßen sollten. Schnee saß in dem Auto, das von ihrem Verlobten Santiago gelenkt wurde. Dieses Auto verließ die eigene Straßenseite und prallte auf den Wagen, in dem Liebe mit ihrem Verlobten Manolo saß. Schnee und Liebe hatten beide den Tag am Meer verbracht. Beide Mädchen wurden schwer verletzt. Es passierte im tiefen Süden Spaniens, bei Punta Umbría, in der Nähe von Huelva, und es war der Samstag der großen Wallfahrt von El Rocío im Delta des Guadalquivir. An dem Tag strömen die Pilger aus allen Teilen des Landes zum Heiligtum, und alle Rettungswagen der Region befinden sich in El Rocío. So kam es, daß es eineinhalb Stunden dauerte, bis ein Rettungswagen eintraf, um Schnee und Liebe ins Krankenhaus von Huelva zu bringen. Unter normalen Umständen benötigt er dafür eine halbe Stunde.

Ich kenne diese Gegend. Dort ist es flach, die Erde sandfarben. Wenn es so heiß ist wie jetzt, denkt man an die Wüste. Es ist der Teil Europas, der Afrika am nächsten liegt, man hört es noch an der Musik. Es war halb acht, als Schnee den Strand verließ, zehn Minuten später geschah das Unglück,

---

1 Gerard Reve (eigentlich Gerard Kornelis van het Reve, Pseudonym Simon van het Reve): 1923 geborener niederländischer Autor.

zehn nach neun kam der Rettungswagen. Dann ist es zwar noch hell, aber das Licht birgt die Nacht bereits in sich. Die Sonne hat ihre Blutspur auf dem Ozean zurückgelassen, die Hitze ist vorbei und doch noch da. Von den beiden Mädchen trug nur Liebe einen Personalausweis bei sich, aber auch Schnee wurde ins Krankenhausregister eingetragen. Ihre Eltern waren hinter ihr gefahren und hatten alles gesehen. Sie hatten zusammen mit den beiden leicht verletzten Verlobten auf den Rettungswagen gewartet. Nach einer ersten Untersuchung beschlossen die Ärzte des Krankenhauses von Huelva, den Zustand des einen Mädchens für so ernst zu halten, daß sie ins Krankenhaus von Sevilla gebracht werden müßte. Und hier beginnt die Geschichte, die niemand glauben kann und die sich dennoch so zugetragen hat.

Die Ärzte dachten, es sei Schnee, die in Lebensgefahr schwebte und nach Sevilla transportiert werden müßte. Sie ließen die Eltern rufen und teilten ihnen mit, dies sei Schnees einzige Chance. In Wirklichkeit war es Liebe, die nach Sevilla gebracht wurde, begleitet von ihrem Vater, der nicht ihr Vater war. Schnee blieb in Huelva und starb noch vor zehn Uhr. Weil die Ärzte glaubten, sie sei Liebe, wurden ihre Eltern in Camas, in der Provinz Sevilla, benachrichtigt. Weil die Ärzte den Eltern von Liebe sagten, ihre Tochter sei so verstümmelt, daß sie sie besser nicht sehen sollten, wurde der Leichnam von Liebe (die eigentlich Schnee war) nicht identifiziert. Er wurde, wie in heißen Ländern üblich, sofort beigesetzt. Auf dem Grab stand Liebe, doch wer darin lag, war Schnee.

Inzwischen lag das schwerverletzte Mädchen, von dem jeder glaubte, es sei Schnee, das aber in Wirklichkeit Liebe hieß, im Krankenhaus von Sevilla. Nach den ersten 72 Stunden, in denen um ihr Leben gebangt wurde, blieb sie noch achtzehn Tage im Krankenhaus, danach kam sie in eine Rehabilitationsklinik. Ihre Eltern, die nicht ihre Eltern waren, besuchten sie jeden Tag. Regte sich denn kein Zweifel? Doch, und er setzte bei der *nariz chata*, der stumpfen Nase, an, die sie vorher nicht gehabt hatte, plötzlich fehlenden *lunares*, Muttermalen, *engarces*, Metallkonstruktionen im Gebiß, an die sich keiner erinnerte. Die Ärzte erklärten das alles mit dem gewaltigen Schock, den der Körper erlitten hatte, und mit den sehr starken Medikamenten. Und die Eltern von Schnee, die nicht Schnee war, wollten es nur gar zu gern glauben. Denn wenn sie nicht Schnee war, mußte sie Liebe sein, und dann wäre es Schnee, die im Grab von Liebe lag. Die anderen Eltern befanden sich in Trauer, nicht sie. Und so sollte es bleiben.

Und so kam Schnee, die nicht Schnee war, nach gut einem Monat nach Hause, ins Haus von Schnee, zum Vater und zur Mutter von Schnee. Und der Verlobte? Die Nachbarn? In dieser Geschichte spielten alle mit, mit Ausnahme derjenigen, die wußte, daß es nicht so war. Liebe war Liebe, und das wußte sie. Sie war nicht tot, und sie war nicht begraben, und die Mutter von Schnee war nicht ihre Mutter. Das sagte sie, und sie schrieb ihren Namen auf: Liebe. Im englischen Theater nennt man so etwas eine *comedy of errors*, aber das hier war keine Komödie. Wer bist du, wenn du nicht bist, der du angeblich bist? Am 25. Juli sagt Liebe zu Antonio, dem ältesten Bruder von Schnee: »Deine Mutter ist nicht meine Mutter. Meine Mutter wohnt in Camas.«

Seit dem Unfall sind zu diesem Zeitpunkt eineinhalb Monate vergangen. Man zieht einen Psychiater hinzu, doch der weiß besser, wer Schnee ist, als Liebe, die weiß, daß sie nicht Schnee ist. Sie ist Schnee, sagt er, Schnee, die sich einbildet, Liebe zu sein, und sogar als Liebe ihm Dinge über Liebe erzählt, die nur Liebe wissen kann, läßt er sich von seiner Behauptung nicht abbringen. Hysterie, Doppelpersönlichkeit, Wahn, Schock, daran krankt Schnee, sagt er zu Liebe, die auf seinen Befehl hin Schnee sein soll. Über ihn sollten andere Psychiater mal eine Studie schreiben. Wahn, daran krankte er. Seine Verblendung hinderte ihn daran, das Simpelste zu tun, was man in einem Land, in dem der Fingerabdruck auf dem Personalausweis stehen muß, tun kann: Fingerabdrücke zu nehmen. Das geschah erst 56 Tage nach dem Unfall. Schnee, die nicht Schnee ist, liegt da bereits 56 Tage unter der Erde. Das Fernsehen zeigt ihr Grab, das Grab mit dem Namen Liebe, dem falschen Namen. Ein pompöses kleines Haus aus Pseudobackstein mit spitzem Dach. Jetzt kann sich Liebe ihr eigenes Grab ansehen. Jetzt kann Schnee exhumiert und nach Hause gebracht werden, eine Tote mit einem anderen Namen. Jetzt trauern andere Eltern. Jetzt kann auch der Verlobte von Schnee verstehen, warum Liebe, die nicht Schnee war, ihn nicht küssen wollte. Liebe ist vom Namen Schnee befreit. Wer sie jetzt anschaut, sieht Liebe, dieselbe, die sie im Spiegel sieht. Wer an Schnee denkt, denkt an eine Tote.

Spanier verbergen ihre Trauer nicht, und schon gar nicht die im Süden. Ich habe selten etwas Traurigeres gehört als die Wehklage von Schnees Mutter. Weh-Klage. Niederländer würden sich möglicherweise über das Absurde ihres zu lange aufrechterhaltenen Irrtums schämen. Davon war hier keine Rede. Die gesamte Familie saß um die Mutter herum, als diese ihren Kummer aus sich heraussang. Dafür gibt es kein anderes Wort, Gesang, Lamento, Rezitativ, Kaddisch, lange, aneinandergereihte Sätze, manchmal kaum verständlich, manchmal nur Klang, Gejammer. Aber doch mit einer *Form*, die Sätze führten hinauf und hinunter, hielten inne und begannen von neuem. Wenn die Worte versiegten, um dem Kummer Ausdruck zu verleihen, nahm ein Sohn oder eine Tochter die Mutter in den Arm, und dann begann der Vater, wie eine Gegenstimme, tief und *staccato*, bis das Jammern ihn wieder übertönte und beide Stimmen ineinanderflossen. Der Vater verkörperte die Ordnung, die *histoire*, das Gleichgewicht.

Liebe hatte in den ersten Wochen an Gedächtnisverlust gelitten. Sie hatte, als er ihr bei den ersten Schritten ihres Rehabilitationsprozesses half, Papa zu ihm gesagt. Die Ärzte hatten jedesmal jeden sich regenden Zweifel mit wissenschaftlichen Argumenten und schwierigen Wörtern unterdrückt, und wer war er, um ihnen zu widersprechen? Er war nur ein einfacher Mann, der jetzt doppelt geschlagen war. Und dann der andere, der jetzt eine lebende Tochter wiederbekam und eine tote zurückschicken durfte, er, Liebes Vater, der *seine* Schnee begraben hatte, ohne auch nur einen einzigen Blick auf sie zu werfen, trug der keine Schuld? Auch wenn die Ärzte ihm, dem Vater von Schnee, hundertmal gesagt hätten, er solle seine Tochter besser nicht anschauen, da sie zu grauenvoll verunstaltet sei, hätte *ihn* niemand davon abhalten können, Abschied von ihr zu nehmen. Und jetzt? Er hebt die Arme in einer Gebärde, die nie von irgend jemandem vorgeschrieben worden ist und zugleich die einzig mögliche Gebärde ist, so herzzerreißend, wie sie ist. Jetzt muß er seine tote Schnee aus dem

Grab in Camas, das den Namen von Liebe trägt, holen und nach Hause bringen. Jetzt beginnt in seinem Haus die Trauer.

Was er nicht sagt, steht tags darauf in der Zeitung. Liebe, die ein Foto von sich in die Kamera hält. Auf diesem Foto hat sie lockiges Haar, ein ernstes, nachdenkliches Gesicht, Augen, die abwartend auf den Fotografen blicken. Doch zu dem Zeitpunkt ist noch nichts passiert. Neben ihr steht der Verlobte, der jetzt zwei Monate lang geglaubt hat, sie sei tot. Die Frau, die das Foto in der Hand hält, gleicht dem Mädchen auf dem Foto nicht mehr. Dafür ist zuviel geschehen. Ihre Haare sind glatt und kurz, beginnen erst wieder zu wachsen. Der Mund hat sich durch den Unfall verändert, es ist der Mund einer Maske, schief, verklemmt. Ein Auge ist geschlossen, und das andere weiß es. Auf dem anderen Foto steht sie neben ihren Eltern. Ihr Gesicht ist bleich, der Kamera zugewandt. Ihre Eltern sind *en profil* darauf und küssen sie auf die Wangen. Was Liebe denkt, ist auf dem Foto nicht zu erkennen.

POST

Don Miguel. Plötzlich steht er in der Dorfkneipe neben
mir. Er wiegt inzwischen fast nichts mehr und bewegt sich
lautlos. Für einen Moment hat er die gegerbte kleine
Klaue, die seine Hand ist, auf meinen Arm gelegt. Nach
seinen Kodes, die aus anderen Zeiten stammen, bin ich jemand in der dritten Person, meine erste und zweite haben
sich aufgelöst. »Geht es el Señor gut?« fragt er den Señor,
der ich bin. Er hat das Profil eines sehr alten Tiers, eigentlich müßte er schon ausgestorben sein. »Heute keine Post
für el Señor.«
Don Miguel ist der Postbote. Er ist siebenundachtzig Jahre
alt und geht jeden Tag etliche Kilometer über die hierhin
und dorthin führenden kleinen Wege, die sich um das
Dorf ziehen wie das Netz einer betrunkenen Spinne. Ich
sehe ihn da oft gehen, auch sein Gang ist nicht der norma-
ler Menschen, sondern ein Schlurfen, mit dem er sich zwischen den niedrigen Steinmauern schnell fortbewegt.
Schon seit fünfzehn Jahren trägt er dieselben Kleider an seinem immer mehr verschwindenden Körper. Sie sind grau,
und die Jacke ist gleichzeitig sein Oberhemd. Auch sein
Kopf scheint mittlerweile geschrumpft, die Haut straffge-
zogen über dem Vogelkopf. Sein weißes Haar steht in die
Höhe. Ich höre ihn nie kommen, nicht einmal in der Stille,
die bei mir herrscht. »*Letter*«, höre ich auf einmal, denn er
schwirrt ums Haus und tritt auf der Rückseite ein. Seine

Hände zittern, aber dagegen kennen wir ein Mittel.
Manchmal, wenn er der Meinung ist, das letzte Mal sei inzwischen lange genug her, akzeptiert er ein Glas Kognak.
Es schwankt erratisch auf den Mund zu, doch hat er den
einmal gefunden, geht der Inhalt mit *einem* Zug hinunter.

»*Mucho calor*«, sagt er dann, und ich bestätige, daß es sehr heiß ist. Dann verschwindet er wieder wie ein Seufzer, jemand, der schon fast nicht mehr da ist.

Einmal hat er mir einen Brief in die Niederlande geschrieben, zu Neujahr. Der Stil stammte aus früheren Jahrhunderten, die Handschrift auch. Der Schluß dieses Briefes fand und fand kein Ende. Ich sollte ewig am Leben und immer gesund bleiben und im Sommer wieder auf die Insel kommen, und er bliebe, dessen mußte ich versichert sein, mein Diener immerdar, und die Quelle der Post flösse immer weiter. Und so war es auch. Jedes Jahr denke ich, er wird nicht mehr dasein, doch solche Dinge denkt man nicht von der Ewigkeit. Am Ende seines peripatetischen Offiziums geht er wieder ins Dorf zurück, setzt sich zwischen die anderen alten Männer wie ein zufriedenes Schnabeltier und raucht eine schwarze, wild aussehende Zigarre. Er ist Junggeselle und hat die Insel nie verlassen. Einmal bin ich bei ihm zu Hause gewesen. Da hat er mir einen Kräutertrank eingeschenkt, der so süß war, daß mir die Tränen in die Augen schossen, allerdings solche, die nicht nach außen treten. Sie flossen nach innen, Balsamsirup, das Geheimnis seines endlosen Lebens. Von der Insel hat er mir damals erzählt, er hat sie an einem Strick zurückgezogen, zurück in die Zeit, so weit, daß sie schemenhaft wurde, eine Insel, die es nicht wirklich gab, auf der wir uns aber gleichzeitig doch befanden, obwohl das ja gerade nicht möglich ist. Hermes, mein flügelfüßiger Bote. Er bringt die Nachrichten aus dem Land, aus dem ich komme und das meist so weit entfernt scheint wie seine verschwundene Insel. In diesem Land herrscht eine andere Aktualität, es ist eine städtische Welt, die hier keine Gültigkeit besitzt.

Post bekommt hier eine andere Dimension, Nachrichten, die aus Übersee kommen. Briefe von meiner Mutter, die oft auf wenigen Seiten eine ganze Welt heraufbeschwört, dann weiß ich wieder, wie alles aussieht. Und von Freunden, aber es sind Frauen, die sie schreiben, Männer können das nicht mehr, es herrscht Armut in dem Land, aus dem ich komme. An einen Mann, der schreibt, schreiben Männer nicht, vielleicht sind Männer ja ein wenig zu bedauern. So sieht meine Welt in der Ferne aus wie eine von Frauen beschriebene Welt. Bei ihnen hat die Armut noch nicht zugeschlagen. Mir ist es recht. Ich schreibe immer zurück, und Don Miguel bringt die Antwort. Ich bin durch eine Kette von Frauen und einen alten Mann mit der Welt verbunden.

Manchmal schreiben mir Fremde. Ein junger Fotograf und Designer, Ton van Vliet aus Terborg, hat etwas von sich selbst in dem erkannt, was ich über Spanien und Galicien schreibe, und schickt mir Fotos, die er in La Golada, einem Dorf in Galicien an der Strecke nach Santiago, gemacht hat. »Es ist kein besonderes Dorf«, schreibt er, »sondern ein ganz alltägliches. Ich kannte es zufällig von zwei Urlauben. Wenn man von Lugo auf der N 540 nach Pontevedra fährt, kommt man nach ungefähr 50 Kilometern dorthin. Im Prinzip hätte ich mir genausogut irgendein anderes Dorf aussuchen können, aber ich kannte die Leute dort, und sie kannten mich.«

Das merkt man den Fotos an. Der Fotograf muß sich in dem Dorf einen Platz erobert haben, wodurch er als Fremder fast unsichtbar geworden ist. Als unsichtbarer Beobachter hat er zwischen den Leuten gestanden, in der Kirche, in der Kneipe, bei der Ernte, beim Dreschen. Das

Ergebnis sind Bilder von großer Intimität. Fern der Niederlande liegt diese Welt, fern, was den Abstand betrifft, und noch ferner in der Zeit. Hier gelten noch Dinge, die für die Mutanten, die wir geworden sind, schon nicht mehr existieren. Nirgends steht die Zeit still, auch dort nicht, doch durch das Tempo der Umgebung scheint sie hier anzuhalten.

Ich bin einmal vor vielen Jahren im Spätherbst durch diese Gegenden gefahren. Schlamm, Karren mit Rädern ohne Speichen, als wäre die Erfindung des Speichenrads noch nicht möglich gewesen. Am Anblick geschlossener Holzräder ist etwas Erschreckendes, ich kann nicht recht sagen, was, man blickt von außen in eine vergangene Zeit, es haftet einem dabei etwas an, das die Menschen, die dort noch leben, infizieren könnte. Hirten habe ich in den verlassenen Landschaften gesehen, in Mänteln aus geflochtenem Schilf, die Wörter für die Geräte, welche die Bauern benutzen, kenne ich nicht mehr, es sind Wörter wie Grubber und Flegel, die dazugehörigen Laute sind schon fast ausgestorben.

Nostalgie, all das, aber eine, die sich verdoppelt, weil sie sich gegen einen wendet: Man selbst könnte so nicht mehr leben, und die Leute hier scheinen dieses Leben so schnell wie möglich gegen den Treibschaum eintauschen zu wollen, in dem wir uns bereits befinden, der Fortschritt lutscht und sabbert daran, für jeden geflochtenen Korb gibt es eine Plastiktüte, für jede Seele einen Strauß erdachter Seelen,

aus dem man sich eine aussuchen kann. Land von Zaube-
rern und Hexen, von Geschichten über längst vergangene
Ereignisse, wiederholte Gedichte von den Tagen, die immer wiederkehren: die vom Tod des Schweins, die vom
Fest des Heiligen, in diesen Fotos erkenne ich die Welt wie-

der, die so schnell unerkennbar wird. Ein unirdisches Licht
benutzt van Vliet, Licht, das er irgendwo auf einem alten
Dachboden gefunden haben muß, Licht, das es fast nicht
mehr gibt. Es läßt seine Drescher halb im Dunkeln, son-
dert seine Kirchgänger von der Hetze der Welt ab und hüllt

seine Bilder in eine Stille, die beinahe nicht zu ertragen ist. Ein Wort fällt nie umsonst auf den Tisch. Ich habe die acht Buchstaben von *Mutanten* noch nicht ganz geschrieben, da lese ich in *El País* ein Interview mit dem französischen Philosophen Baudrillard. Es geht um die Welt und um uns in ihr, das heißt, es geht um mich. Erkenne ich mich jetzt wieder? Das Gefühl, daß jemand den 54jährigen, 72 Kilo wiegenden Schmetterling beziehungsweise die Motte, Spinne, die ich bin, ergriffen, auf eine Nadel gespießt und vorsichtig in eine Vitrine gelegt hat, neben die anderen Mutanten. Der Abstand zwischen Baudrillards Menschen und denen auf den Fotos von Ton van Vliet könnte nicht größer sein. Die Kuh auf dem Foto sieht aus wie eine Kuh auf einem Gemälde von Savery[1], der Hund hat sich sein Hundsein unversehrt erhalten, die Bataver hätten Baum zu den Bäumen auf diesen Fotos gesagt, nur wir selbst scheinen uns zu verändern. Wenn die Natur die Konstante ist, sind wir die Veränderung, was sich an der Natur am sichtbarsten verändert, geschieht durch uns.

Baudrillard hat in Madrid über den Körper als *escenario* gesprochen, Schauspiel, Bühne, Szenario. »Die Promiskuität und das Übermaß an Bildern, zwischen denen wir leben, hat den Körper in so viele Teile aufgelöst, daß er seine Transzendenz verloren hat und in tausend Stücke zerborsten ist.« Während ich schreibe, sehe ich meinen Körper, doch die Videoclips im Fernsehen geben dem Philosophen recht, der Körper ist unendlich teilbar geworden, er zerbirst auf dem Schirm, sich bewegende Enkel von Cézanne und Picasso, stets von neuem zerlegt und zerteilt. Ich ver-

---

1 Roelant Savery (1576-1639): Flämischer Maler und Zeichner.

wahre mich gegen seinen Gedanken, gegen den Verfall der
Integrität zumindest *meines* Körpers, doch schon lange vor
Baudrillard hatte die Fragmentierung des Körpers in der
bildenden Kunst begonnen, als Prophezeiung. Fotografie
und Film folgten: Man kann sich uns aufgeteilt vorstellen.
Videoclips: Eine Masse anonymer Körperteile wirbelt
rhythmisch durcheinander, um ein nicht-anonymes Pro-
dukt anzupreisen. Aber ich wehre mich: Was soll ich mit
der Konsequenz aus diesem Gedanken? Soll ich Baudrillards Vorstellung vom Körper als Prothese folgen? »Das
Gehirn befindet sich schon lange nicht mehr im Körper,
sondern treibt darum herum.« Das kann man sagen, doch
was bedeutet es? »Alle Körperteile des Menschen rotieren
(*giran*) nach außen, exzentrisch. Der Mensch ist nicht länger transzendent, weil er exorbitant geworden ist.« Dieses
Wortspiel gefällt mir, vielleicht aber nur, weil es ein Wortspiel ist: exorbitant, *out of orbit*. »Der Körper hat sich
satellitisiert. Die Maschinen können alles, was wir können,
mit einer einzigen Ausnahme: Worin sich die Menschen
von Maschinen unterscheiden, das ist die Möglichkeit zum
Rausch, zum Genuß, den sie aus dem kreativen Akt schöp-
fen.«
Vielleicht sind die dreschenden Bauern auf den Fotos
schuld oder das gleichzeitige Rufen meines Nachbarn nach
seinen Schafen auf dem Stück Land hinter meinem Haus,
jedenfalls überkommt mich ein bäuerlicher Zweifel. Es
sind die Worte eines Schreiberlings, die ich da geschrieben
habe, Spitzfindigkeiten mittelalterlicher Scholastiker, Worte, die Intuitionen zu (neuer) Wirklichkeit ernennen wollen. Durch diesen späten Priester lasse ich mich nicht fest-
nageln, mit beiden Händen ziehe ich die Nadel aus mei-

nem Schmetterlingskörper. Nichts für mich, diese Vitrine, ich mutiere aus eigener Kraft weiter. Während ich durch das Fenster ins Freie fliege, höre ich hinter mir den Philosophen noch etwas vom Exorzismus des Körpers murmeln (ohne die Terminologie jener anderen Kirche läßt sich offenbar nichts benennen) und von unserer asphyktischen Bestimmung: der Transsexualität. Asphyktisch: erstickend. »Die Definitionen gehen verloren, in gewisser Weise sind wir alle bereits Transsexuelle. Nehmen Sie la Cicciolina[2], das beste Beispiel, das ist eine Art Transsexuelle, die die fleischfressenden Zeichen der Sexualität zur Schau trägt, wie es keine einzige ›echte‹ Frau tun würde.« Ein ephemeres Beweisstück, denke ich noch, diese postmoderne Närrin mit ihren abstrakten Titten und ihrem verbissenen Reklamegesicht in diesem pervertierten Brautkleid, aber ist *eine* Hexe genug für den Ton der Verdammnis eines neuen Savonarola?

Die Zeitung hat in derselben Ausgabe ein Foto von der Parlamentsabgeordneten mitgeliefert, auf dem sie gegen die Entsendung italienischer Minensucher protestiert. Ich schaue mir ihre minimale Brustpartie noch einmal an. Fleischfressend sieht sie nicht aus, *dentata* ebenfalls nicht,

2 Ilona Staller alias Cicciolina: Ehemaliger Pornostar, zog Ende der achtziger Jahre für die Radikale Partei ins italienische Nationalparlament ein.

eher erinnert sie an ein etwas fades Dessert aus der *nouvelle cuisine*. Neue Küchen, neue Philosophen. »Du machst es dir zu leicht«, brummt meine trübsinnige Gegenstimme. »Vier Feinde hat die Menschheit gehabt«, singt der Philosoph, »als erstes die Wölfe, die von vorn angriffen und gegen die man sich mit Mauern und Schanzen verteidigte. Dann kamen die Ratten, ein unterirdischer Feind, der mit Hygiene bekämpft wird. Danach die Kakerlaken, die sich immer weiter vermehren und noch schwerer auszurotten sind. Und die neuen Feinde sind die Viren, gegen die man schwerlich kämpfen kann. Der Körper verliert seine Verteidigungskraft und wird immer verletzbarer. Mit Aids und Krebs zahlen wir den Preis für unser System.« Aids und la Cicciolina, für eine neue Denkrichtung scheint das doch nicht ganz auszureichen. Ich schaue mir noch einmal eines von van Vliets Fotos an. Das Bild sieht aus wie von Buñuel.

Eine Kirche voller Frauen. Von den Gesichtern läßt sich ein hartes Leben ablesen. Auch in dieser Kirche wird von Schuld und Sühne gepredigt. Vielleicht war es nicht nötig, sich dafür all diese neuen Wörter auszudenken.

Manchmal kommt die Post nicht mit Don Miguel, sondern ganz einfach durch die Luft. Der spanische Rundfunk hat einen UKW-Sender, der »ewig« gute Musik sendet, 24 Stunden, Tag und Nacht, etwas, das in den Niederlanden anscheinend unmöglich ist. Jetzt ist es Nacht, windstill, im Garten regt sich nichts. Nacht sage ich, weil es dunkel ist, aber es ist erst später Abend, gegen zehn. Ich sitze draußen, dem Osten zugewandt, wo der Mond aufgehen muß. Er tut es träge, vorerst nur ein Schatten seiner selbst. Ganz langsam arbeitet er sich über die Mauer aus großen Steinen, aber ich warte noch, denn Venus muß ihm folgen. Von meinem Platz aus kann ich Kassiopeia sehen, und damit bin ich vollauf beschäftigt, doch dann zieht der Mond Venus über die Mauer, in den ersten Stunden bleiben sie noch dicht beisammen, an den darauffolgenden Tagen werden sie immer weiter auseinanderdriften, und am Ende der Woche wird der Mond verschwunden sein und Venus fast genau über dem Haus ihre eigene silberne Bahn ziehen. Als ich das Radio einschalte, höre ich bekannte Namen, der spanische Rundfunk hat eine Sendung unseres NOS[3] übernommen, 4. Juni 1986, Darius Milhaud, das Mondriaanquartett, die Witwe Milhaud, die ein Gedicht von Maurice Carême[4] vorträgt, und dann, im nächsten Teil, die Stimme von Marjan Kweksilber. Nun geschieht etwas Merkwürdiges. Ich habe während meiner Anwesenheit hier, in all den langen Sommermonaten, nie Heimweh, auch jetzt nicht. Aber ich kenne Marjan Kweksilber, sie wohnt in Amsterdam ganz in meiner Nähe, ich sehe sie oft mit einem Kind auf dem Rücksitz die Gracht entlangradeln, eine Erscheinung, denn sie ist kein Mensch, den man übersieht. Und plötzlich, während sie zu singen beginnt, sehe ich das Bild haargenau vor mir, ihre Gestalt (nicht jeder hat so etwas) in wehenden Gewändern entlang der Herengracht. Wenn sie

3 NOS: Nationale öffentlich-rechtliche Rundfunkanstalt der Niederlande.
4 Maurice Carême (1899-1978): Belgischer Dichter und Priester.

72

so vorbeiradelt, rufen wir uns meist etwas zu, und ebendie Stimme, die mir dann einfach irgend etwas zuruft, ist es, die jetzt, gefangen in den von Milhaud vorgeschriebenen Noten, Leon Latels Worte singt. Dieser Dichter war ein Freund des Komponisten, Milhaud hat nach dessen Tod ein Streichquartett für ihn geschrieben. Dem wurde im letzten Teil eine Stimme hinzugefügt, die die Worte des toten Dichters singt, ein Adieu.

Diese Worte höre ich jetzt in meinem Garten, sie schwirren zwischen den Palmen herum, entlang der Mauer und den mannshohen Kakteen dahinter, in totenstiller Nacht, über die Kassiopeia, Venus und der Mond walten, singt die wundervolle Stimme die elegische Melodie, die mich umfängt und einspinnt, und ich denke, man kann auf seine Freunde durchaus monatelang verzichten, sofern sie einem nur ihre Stimme schicken, und dann lache ich über die Ironie, daß Marjan nicht weiß, daß ich jetzt mit ihrer Stimme ganz still unter den Sternen sitze, auf einer Insel mitten im Meer.

DAS ENDE DES SOMMERS

Wie nennt man einen Sommer, der sich nicht verabschieden will? Dieser Sommer hat seine Masken an den Herbst ausgeliehen, wir leben in einer Maskerade des September. Die Barbaren des Nordens, die neuen Attilas (so werden die Touristen auf der Insel genannt), sind abgereist, sie kommen nicht länger mit ihren verachtungswürdigen Speedboats an die Strände, zu denen ich auf geheimen Pfaden spaziere, manchmal bin ich der einzige in einer solchen Mulde zwischen Pinien und Felsen, allein mit dem Meer und dem Sand. Dann passiert etwas Seltsames: Du wirst dir deiner Handlungen stärker bewußt, so als würdest du doch beobachtet. Aber es ist niemand da, der dich beobachten könnte. Du siehst, wie du aufstehst und durch den heißen Sand (es sind noch über dreißig Grad) auf die glänzende, sich wiegende Wasserplatte zugehst, du brichst sie auf, schwimmst in die Ferne, wo das Licht dich fressen könnte. Dann drehst du dich um und schaust zum Strand. Da steht der Schilfkorb mit deinem Buch und ein paar Früchten, mit einem Mal sehr klein, ein verlorenes, strandhaferfarbenes Ding.

Das möchtest du am liebsten als ganz alltäglich empfinden, und doch ist es das nicht. Du bist in ein Verhältnis von eins zu eins mit allem geraten, du und das Meer, du und die Bäume, du und die Felsen. Du schiebst dir die Taucherbrille wieder vor die Augen und schaust hinunter, in die

Hallen des Schweigens. Dort setzt sich diese binäre Welt fort, du und der Tang, du und die Fische, du und diese immer so geheimnisvolle wedelnde Unterseite der Wasserfläche. Es sind jetzt keine anderen da, um dies mit dir zu teilen, um eine *Gattung* aus dir zu machen, du bist *au pair* mit dem, was sich dir präsentiert. Aber wie *au pair* ist *au pair*? Nimmt der Seestern mich wahr, wie ich ihn wahrnehme? Ich strecke einen vorsichtigen Finger nach seinem blutroten Pentagramm aus, denn ich möchte ihn nur ganz leicht berühren, die Berührung verursacht einen leichten Schauder, körnig, solide, ein wenig kalt. Er bleibt, wo er ist, bewegt aber eines seiner Beine. Nennt man das Beine? Nein, es heißt Arme. Jetzt hat er sich zu einem anderen Zeichen umgeschrieben, einem, in dem meine Berührung verarbeitet ist. Ich habe etwas an dem Manuskript verändert. Das tue ich jetzt weiter, ich habe Zeit, in *natura naturans* umherschwebend. Ich hebe eine scharfkantige, einklappige Muschel auf, die dicht an der Küstenlinie mit dem Wellenschlag hin und her rollt, Paso doble von Muschel und Meer. Als ich sie aus dem Wasser hebe, sehe ich die in die Luft krallenden Nagelbeine eines kleinen Einsiedlerkrebses. Ich setze ihn in den nassen Sand, den einsamen Mönch, und als er denkt, daß ich nicht mehr da bin, läuft er ein kleines Stück. Auch das sieht aus wie Schrift *en miniature*. Habe ich das jetzt geschrieben oder er? Und ist diese Frage von Bedeutung, wenn das Geschriebene früher oder später doch immer wieder gelöscht wird?

Einen gibt es, der mich an diesem Nachmittag wirklich sieht, ein junger Kormoran. Ich habe ihn aus der Ferne wahrgenommen als Fleck an der Felswand und bin auf ihn zugeschwommen, die letzten Meter immer vorsichtiger, weil ich mir sicher war, er würde auffliegen, wenn ich ihm zu nahe käme. Sieht er mich nicht, hat er keine Angst vor mir, wartet er auf seine Eltern, kann er nicht fliegen? Ich weiß es nicht, jedenfalls läßt er mich ganz nah an sich herankommen. Allerdings dreht er den Kopf um unmenschlich viele Grad hin und her, so daß er die ganze sichtbare Welt in Reichweite hat, doch dann richtet er seine harten Perlaugen wieder auf mich und fliegt nicht weg. So stellen wir ein bemerkenswertes Visavis dar, keiner von uns beiden in seinem Element, er als Erdbewohner, ich als die Travestie eines Fischs.

Ich mache so wenig Bewegungen wie möglich, das Wasser ist so salzig, daß es mich mühelos trägt, und so sehen wir einander an, er mit seinem langen Schnabel mit dem gebogenen Haken am Ende, mit dem er die Fische in der Tiefe fängt, aufrecht sitzend in seinem hellbraunen Federkleid, und ich mit meinen merkwürdigen, vom Wasser verzerrten Gliedmaßen, ein Menschenfisch, wartend auf etwas, das nicht passieren wird. So lasse ich meinen Nachmittag in der törichten Illusion vergehen, allein auf der Welt zu sein, nicht einmal ein Segel zieht in der Ferne vorbei. Ich esse einen Pfirsich, schlage den Kern mit einem Stein auf dem Felsen auf und esse auch das bittere Innere, Ereignisse erster Ordnung. Ich komme mir selbst wie mein krassester Gegensatz vor, in diesem Jahr war ich in Städten mit zehn und sechzehn Millionen Menschen, jetzt sind diese Zahlen auf die unteilbare Zahl reduziert, die eine Eins aus mir macht, als wäre es möglich, ohne die anderen zu existieren, vielleicht aber auch nur, um zu bestätigen, daß man tatsächlich ohne die anderen existiert.

Plötzlich denke ich daran (der Augenblick fordert es heraus), daß Gott die schönste Fiktion der Menschheit ist. Angenommen, es wäre so! Nicht Spinozas unabweisbares Fa-
zit, sondern eher eine reizvolle männliche Erscheinung wie
Phöbus Apollon. Dies wäre der Moment, in dem er sich
manifestieren müßte. Allzu alltäglich muß es nicht sein, er
darf durchaus etwas von einem Besitzer an sich haben,
doch den Mund muß er halten, und zu nahe sollte er auch
nicht kommen. Natürlich würde er meinen geheimen Pfad
durch den dichten Pinienwald der Herzogin kennen, der
all dieses Land hier gehört, und den käme er nun entlang,
er mit seiner Leier wie ich mit meinem Korb. Dann müßte
er vor mir weitergehen, genau entlang der Linie, wo das
Wasser die Küste berührt, und natürlich würde er sehr
schön sein, so, im letzten Licht des Sommers. Etwa fünfzig
Meter von hier gibt es einen guten Sitzplatz für ihn, auf einem Felsen, ein kleines Stück höher als da, wo ich bin. Das
wär's in etwa, vielleicht noch ein kurzer Gruß aus der
Ferne, mit der Hand, aber das wäre das Äußerste. Dann
würden wir eine Weile so sitzen, und ich ginge als erster,
ohne mich umzusehen, aber wissend, daß er dort bliebe,
bis es dunkel ist. Doch es kommt niemand. Ein leichter
Nebel steigt über dem Meer auf, wenn ich jetzt nicht gehe,
muß ich meinen Pfad im Dunkeln zurückwandern. Doch
besser so, denke ich, als ich meine auslöschbaren Fußstap-
fen auf den Weg setze, den er hätte nehmen müssen. Ich
hätte ihn gern erschaffen, doch wie immer war es genug,
ihn mir auszudenken.

Abschied von diesem Sommer, diesen Notizen. Einen
Sommer lang habe ich mich mit diesem Land beschäftigt,

habe Zeitungen gelesen, die Politik verfolgt, den Torpor
der heißesten Tage erlebt, das Schließen des politischen Betriebs, der jetzt langsam wieder in Gang kommt. Auf der
Wetterkarte der Zeitung, die ich täglich lese, sehe ich ein
Foto des ganzen Landes, von einem Satelliten aus aufgenommen. Das geht und ist mysteriös und unheimlich. Die
Form ist vertraut, die hatten wir bereits erraten, bevor es
Satelliten gab, und sie erwies sich als richtig. Dennoch
bleibt es merkwürdig, wer weiß sogar falsch, daß ein ganzes
Land auf ein einziges Foto paßt. Menschen oder Städte
sind darauf nicht sichtbar, als wolle das Land wenigstens
einmal die äußerste Essenz seines Wesens in seiner kahlen
Form zum Ausdruck bringen. Stierhaut, so hat der katalanische Dichter Salvador Espriu Spanien genannt, und
das stimmt. Alt, gegerbt, unantastbar, so liegt es da inmitten des Meeres, das auf dem Foto so weinschwarz ist, wie
Homer es wollte.

Neben der Form des Festlands sehe ich die Form der Inseln, ostwärts treibend im Meer, Richtung Italien. Und ich sehe die Insel, auf der mein unsichtbares Selbst sich befindet, auf eine Karte spähend, auf der ich drauf bin und nicht drauf bin. Sommer ist es auf dieser Karte. Nicht weil ich das sehe, sondern weil ich es weiß. *Cielo despejado*, unbewölkter Himmel, nur im galicischen Westen ein paar Hexenschleier aus Nebel. Ich werfe noch einmal einen eingehenden Blick auf das leere Land. Würde dort jetzt ein Bürgerkrieg wüten, man sähe ihn nicht. So hat diese Form dagelegen, bevor jemand sie wahrgenommen hat. Wie oft müßte man das Foto vergrößern, um mein Haus erkennen zu können? Doch ich sollte mich diese Dinge nicht fragen, sie passen nicht zu meinem Maß. Ich muß mich an die Arbeit des Abschiednehmens machen, die Reise nach Norden antreten, den zu Ende gegangenen Sommer zurücklassen, eine leere Muschel an einem Strand.

Abschied. In meinem Arbeitszimmer gärt noch etwas. Zwischen den Zeitungsausschnitten mit den kanonischen Ereignissen, den Staatshaushalten, den Parteilichkeiten, den Konflikten, den bekannten Gesichtern von Ministern und Gewerkschaftsführern, den Inflationsraten, den ewigen und notwendigen Kreisbewegungen der Politik, die später, sobald sie zu Geschichte eingekocht werden müssen, so anders aussehen werden, schwelt eine andere, apokryphere Sammlung, die nie dazugehören wird und doch ein Teil davon war. Wie nennt man so etwas? Das ganz normale Leben, allerdings dessen bösartige, absurde, gefährliche Seiten. Glück gehört auch dazu, genauso wie gute Werke, doch die kommen nicht in die Zeitung. Das Idiotische und

Makabre heischt nach Aufmerksamkeit und bekommt sie. Der erste Stapel ist noch lachhaft, absurdes Theater aus Gegenden, die die Spielregeln der neuen Demokratie noch nicht begriffen haben: Ein Dorf wählt einen weiblichen, konservativen Bürgermeister, und nachts darauf findet man fünfhundert von ihren Kaninchen mit durchschnittener Kehle.

Der Vizepräsident der Regierung, wie das hier heißt, reist aus seinem Urlaub in Galicien ab und wird am Flughafen von einer Gruppe Arbeiter abgepaßt, die gegen die Schließung ihres Betriebs sind. Sie belassen es nicht bei Worten, sondern schlagen auf sein Auto ein, er entkommt mit Müh und Not mitsamt Frau und Kindern. Ein sozialistischer Bürgermeister erhöht die lokalen *contribuciones*, und in einigen Fällen bedeutet das eine Erhöhung um mehr als zweitausend Prozent. Die Bevölkerung geht auf die Straße, wirft Autos um und steckt sie in Brand, schnappt sich den Bürgermeister und hält ihn in der örtlichen Rundfunkstation gefangen. Das alles hat ja noch einen karnevalesken Aspekt. Der nächste Stapel nicht. Da geht es um das Böse, um Verlust, vermischt mit Tod. Das Böse ist unbedeutend *sub specie aeternitatis*, hat der Philosoph gesagt, den ich hier schon einmal zitiert habe. Hat er denn immer unrecht? Wir wohnen in einer zeitlichen Provinz, und da ist das Böse das Böse.

Spanien wird vom Bösen nicht bevorzugt behandelt. Das Böse ist hier, wie es überall ist, rätselhaft, vielgestaltig. Nur seine Plazierung in den Nachrichten scheint anders, gewalttätiger. Nach dem ETA-Anschlag auf den Supermarkt in Barcelona, bei dem es mehr als zwanzig Tote gab, kam Felipe González zum Trauergottesdienst. Ein paar Männer, deren Frauen und Kinder ermordet worden waren, fragten ihn, als er sie trösten, ihnen kondolieren wollte (wie nennt man das?), ob er dafür sorgen könne, daß die Täter, die zu diesem Zeitpunkt noch nicht gefaßt waren, die Todesstrafe bekämen. Was González geantwortet hat, weiß ich nicht, aber er wird die Frage wohl verstanden haben. In Spanien gibt es die Todesstrafe nicht mehr, wenngleich ich nicht glaube, daß er das in diesem Moment gesagt hat. Jetzt haben sie die Täter. Mit äußerst raffinierten Fahndungsmethoden und unvorstellbarer Geduld hat die Polizei monatelang eine Wohnung überwacht und abgehört, um das Kommen und Gehen und die Kontakte genauestens zu studieren. Unter den Gefangenen war auch der Mann, der die Bomben im Supermarkt deponiert hat. Als die Polizisten die Wohnung stürmten, schrie ausgerechnet dieser Mann hysterisch: *no me matéis, no me matéis*, tötet mich nicht, tötet mich nicht! Die Täter wollen ihre Taten unter Krieg, Heldentum eingeordnet sehen, doch dahin gehören sie nicht. Sie sind die verachtenswerten Agenten des Schicksals, das an Menschen vollzogen wird, die unschuldig sind, die weggingen, um einzukaufen, und nach Hause zurückkehrten in einem Absatz, einem Nebensatz, einem Anhang des Geschichtsbuchs, und dann auch nur als Teil einer Zahl, nicht als Name.

Gibt es so etwas wie das Böse an sich? Wir müssen so tun, als gäbe es das, um darüber sprechen zu können. Es ist Teil des menschlichen Potentials, auf diese Weise existiert es, und weil es existiert, muß es von Menschen verkörpert werden. So kann man sagen, daß der Mörder das Böse in der Welt verkörpert. Merkwürdige Frage, gibt es das Böse, weil es den Mörder gibt, oder umgekehrt? Wenn das Böse »nun einmal« zu einer statistischen Reihe gehört, muß jemand es in die Tat umsetzen. Ich spüre, daß dies ein äußerst fragwürdiger Gedankengang ist, finde aber sonst keine Lösung. Zehntausend Menschen gehen in Tarragona auf die Straße, weil ein Mädchen vergewaltigt und ermordet worden ist, gefesselt, Kehle durchschnitten, die üblichen Greuel. Das Gift steckt in dem Wort »üblich«. Wohin man auch reist, überall gibt es solche Morde, als gäbe es ein Modell dafür, ein Klischee, als wäre es in der Reihe der Möglichkeiten *vorgeschrieben*. Später werden sich Anwälte und Psychiater damit befassen, und im Kern wird es um das Ausmaß an freiem Willen gehen, über das der Täter verfügte.

Gibt es den freien Willen? Ich habe gelernt, daß es ihn gibt, und wahrscheinlich ist es ungesund, sich zu fragen, ob das eine Fiktion ist. Borges hat einmal, meine ich, gesagt, daß es möglicherweise lediglich eine ganz geringe Bandbreite ist, innerhalb deren ein freier Wille existiert, aber doch groß genug, um uns eine *Vorstellung* von Freiheit zu geben. In diesem Land sieht man nicht nur das Opfer, sondern auch, sobald er/sie gefaßt ist, den Täter/die Täterin, mitsamt Gesicht, Vor- und Familiennamen, noch vor dem Prozeß. Was auffällt, ist die Dummheit des Bösen, die manchmal etwas mit Unschuld und dann wieder mit Zufall zu tun hat. Unschuld: das Gesicht des ermordeten Mädchens in Tarragona. Ein rundes, freundliches Mädchengesicht, das nicht weiß, daß gerade dieses Foto in die Zeitung kommen wird, wenn es nicht mehr lebt.

Zufall: zwei Männer und eine Frau im Auto auf dem Weg zu einer Kirmes. Sie geraten in Streit, kommen von der

Straße ab, ein Polizeiwagen stoppt, Schießerei, Polizist tot, Passant, im Glauben, ein Unfall sei passiert, stoppt, wird erschossen, und so weiter und so fort. Der Täter ist eine Nacht lang flüchtig und wird dann gefaßt. Ich sehe ihn im Fernsehen, gehalten von mehreren Polizisten, die ihn in ein Auto stoßen. Was er denkt, ist nicht zu erkennen. Ich ertappe mich bei dem Gedanken, daß er nicht wie ein Verbrecher aussieht, aber das ist ein sinnloser Gedanke, denn er ist einer. So sieht also ein Verbrecher aus, wie jemand, der nicht aussieht wie ein Verbrecher. Unglück besteht also anscheinend aus zweierlei: ein Verbrecher zu sein und einem zu begegnen.

Jetzt will ich alle diese Fotos und Zeitungsausschnitte sammeln und im Garten verbrennen, zusammen mit dem vertrockneten Unkraut, den verdorrten unteren Wedeln der

Palme, den braun gewordenen, fast papiernen Blüten der Bougainvillea. Aber da liegt noch ein Zeitungsausschnitt. Warum bewahre ich diese Dinge auf? *Sociedad*, steht darüber, Gesellschaft. Doch aus ihr waren die Frauen auf diesen Fotos ja gerade herausgefallen. Es sind Farbfotos. Zwei Nutten, gestorben an einer Überdosis. Einen Monat zuvor haben sie sich von dem Blatt interviewen und fotografieren lassen. Einmal schauen sie direkt in die Kamera, Imma und María Jesús, 24 und 29 Jahre alt. Dann haben sie sich beim Spritzen fotografieren lassen, und das sieht sehr zärtlich aus, die Köpfe mit dem aufgesteckten Haar einander zugewandt, sie *helfen* sich gegenseitig bei etwas, auf dem Boden hockend, an eine Matratze gelehnt. Auf dem dritten Foto stehen sie auf einer Brücke außerhalb von Madrid, bei der Arbeit, wie sie versuchen, Autofahrer zum Anhalten zu bringen. Sie wollten aussteigen, und es ist ihnen nicht gelungen. Ich blicke auf die langen, zarten Hände, auf die karierte Jacke und den blauen Pullover, die es jetzt vielleicht noch irgendwo gibt. Die Zeitung erzählt alles, was nicht erzählt zu werden braucht, ihre Tarife, ihren Verfall, die zerstörten Leben.

Gibt es eine Schlußfolgerung? Nein, es gibt nie eine Schlußfolgerung, lediglich eine Aufeinanderfolge. Ich verbrenne die Zeitungsausschnitte, treibe keine Teufel aus. Die Flammen lodern hoch auf im abendlichen Garten, eine spanische Saison wird in Asche gelegt. Als ich in dieser letzten Sommernacht um sechs Uhr aufwache, dämmert es. In der Luft liegt immer noch der Geruch meines gestrigen Autodafés. Der Mond ist nicht mehr da, doch am Himmel ist jemand erschienen, der zuvor noch nicht da

war, Orion, mitsamt Gürtel, Pfeil und Bogen, Hund, gerü-
stet zur Jagd. Wenn die Sonne aufgeht, wird er verschwunden und trotzdem noch da sein, ein unsichtbarer Jäger auf
einem Feld aus Licht, ein Jäger für den Winter.

DER GRENZENLOSE KONTINENT

5000 Kilometer unterwegs in Spanien:
Was hat sich geändert in den vergangenen 25 Jahren?

4. März. Ankunft in Barcelona. Das Flugzeug hat in weitem Bogen die Pyrenäen überflogen, die Spanien früher so radikal von Europa zu trennen schienen, und fliegt jetzt über das Mittelmeer, um in Kürze zu landen. In der blauen Ferne weiß ich meine Insel, auf der ich schon seit gut dreißig Jahren meine Sommer verbringe. Ein Anflug von Heimweh. Aber jetzt ist nicht Sommer, und mein Auftrag ist ein anderer: Ich soll berichten über das, was sich in meinen Augen in den letzten 25 Jahren in Spanien verändert hat.

1954 kam ich zum erstenmal nach Spanien, per Anhalter. Danach ist kein Jahr vergangen, in dem ich nicht durch irgendeinen Teil des Landes gereist wäre. Über die meisten dieser Reisen habe ich geschrieben, und ein Teil dieser Texte wurde in meinem Buch *Der Umweg nach Santiago* versammelt. Ich habe das Land mit Soldaten in deutschen Helmen gekannt, mit Männern in schwarzen Hemden, mit Zensur, mit Armut, mit der Stimme Francos im Radio, mit seinem Gesicht in den ersten grauen Fernsehbildern, doch von diesen Veränderungen will ich hier nicht berichten. Es geht um die Zeit danach. Meine Haltung ist ambivalent. Ich liebe Spanien, und damit meine ich nicht den Ort, an dem ich im Sommer wohne, sondern diese gewaltige Landmasse mit den weiten, leeren Landschaften, Ebenen und Bergketten, wo die Menschen leben, die von uns Ausländern Spanier genannt werden, sich selbst aber als Basken oder Katalanen, Andalusier oder Galicier bezeichnen. Vielleicht weiß ich mehr von diesen spanischen Ländern als andere Fremde, aber ein Spanier kann ich nie werden, und sei es nur, weil – willkürlich gewählte – Namen wie Prim[1] und Pelayo[2], Jovellanos[3] und Azaña[4], Primo de Rivera[5] und Sanjurjo[6] für mich gefühlsmäßig nie das gleiche bedeuten können wie für einen, der diese Namen einst in der Schule gelernt hat. Ich komme aus einem überbevölkerten, verstädterten Land, in dem alles bis aufs I-Tüpfelchen geregelt ist und das allmählich wie ein Pendant zu Los Angeles aussieht – inklusive eines von meinen

1 Juan Prim (1814-1870): Spanischer General, führte mit General Serrano 1868 die Revolution an, die Isabell II. zu Fall brachte.

2 Pelayo, lat. Pelagius: König von Asturien (seit 718/722) und altspanischer Nationalheld, gestorben 737, vermutlich ein westgotischer Adliger, der in den asturischen Bergen den Widerstand gegen die Araber anführte, gründete das Königreich Asturien.

3 Gaspar Melchor de Jovellanos y Ramírez (1744-1811): Spanischer Politiker und Schriftsteller, bedeutendster Vertreter einer gemäßigten, anglophilen spanischen Aufklärung.

4 Manuel Azaña y Díaz (1880-1940): Spanischer Politiker und Schriftsteller, liberal und zugleich entschieden antiklerikal in seiner politischen Grundhaltung.

5 Miguel Primo de Rivera y Orbaneja, Marqués de Estella (1870-1930): Spanischer General und Politiker, kam mit Duldung des Königs 1923 durch einen Militärputsch an die Macht.

6 José Sanjurjo Sacanall (1872-1936): Spanischer General, dessen Putschversuch gegen die Republik im Herbst 1932 scheiterte, wurde begnadigt und ins portugiesische Exil entlassen.

Vorfahren im 16. und 17. Jahrhundert entworfenen Disneylands alter Stadt- und Dorfkerne, die Touristen das Gefühl vermitteln müssen, eine wundersame Zeitreise zu machen. Wer sein Leben auf zwei Länder verteilt – und damit auch auf zwei Sprachen, zwei Eßgewohnheiten, zwei politische und geistige Landschaften –, hat es schwer. Im Grunde führt er zwei parallele Leben, in denen er auch jedesmal bis zu einem gewissen Grade ein anderer werden muß. Plötzlich heißt der Ministerpräsident nicht mehr Kok, sondern Aznar, plötzlich wird das Land nicht mehr von einer Koalition aus Rechts, Links und Mitte regiert, sondern von einer einzigen Partei mit ein paar regionalen Gelegenheitsverbündeten, plötzlich sind die Geschäfte (und die Klöster und die Museen) mitten am Tag für ein paar Stunden geschlossen, plötzlich wird irrsinnig spät gegessen, und plötzlich sieht auch die Zeitung, mit der man jeden Tag beginnt, anders aus und betrachtet dieselben Weltnachrichten aus einem anderen Blickwinkel. Argentinien und Ecuador sind näher gerückt, der Maghreb ist auf einmal Nachbarland und Durchreiche, die Bestürzung über den Terrorismus, von dem das eigene Land gnädigerweise verschont ist, knallt einem hier ins Gesicht, kurz und gut, man ist wieder zu Hause und ist es doch nicht, weil man nun einmal nicht abstimmen darf. Nicht über die Leichen am Strand bei Tarifa, nicht über die Legalität oder Illegalität von Saisonarbeitern, nicht über die Stellung des Kastilischen (das man mit so viel Mühe zu sprechen gelernt hat) an der Universität von Barcelona und auch nicht über die Stellung des Katalanischen (das man mittlerweile immerhin zu einem großen Teil lesen kann) oder des Baskischen (das mit einemmal so schön klingen kann, wenn ein Freund wie Bernardo Atxaga[7] es spricht).

Was hat sich verändert? Die Frage kam von *El País*. In Spanien lese ich diese Zeitung täglich, in den Niederlanden oder wenn ich in Europa auf Reisen bin, regelmäßig und auf jeden Fall immer samstags wegen *Babelia*[8]. In Los Angeles oder in Tokio kaufe ich mir die Wochenausgabe auf Dünndruckpapier, wobei ich mich dann kurzzeitig wie ein Kosmopolit fühle, ein wenig wie jemand, der sich das Armani-Label außen auf die Kleidung hat nähen lassen. Jeder hat so seine kindische Seite. Die Frage war jedoch nicht kindisch, und als ich in der Stille meines Amsterdamer Arbeitszimmers über sie nachgedacht habe, ist mir plötzlich bewußt geworden, daß ich mir nicht vorstellen kann, daß es *El País* irgendwann *nicht* gegeben hat. Ich will nicht übertreiben, aber es war so ähnlich wie damals, als jemand mir zum erstenmal erklärte, daß in dieser einen verhängnisvollen Sekunde (um es mal so auszudrücken, in Wirklichkeit war es unendlich kürzer) des *big bang* nicht nur das All, sondern auch die Zeit entstanden war. Es dauerte einen Moment, bis ich es begriffen hatte, und trotzdem konnte ich mir die brennende Frage nicht verkneifen: Aber was war dann *davor*? Nichts, und genauso ist es auch am Montag, dem 3. Mai 1976, gewesen. Keine Zeitung. Undenkbar. Und doch war es so. Sie erschien erst am Tag danach. Genau rechtzeitig, könnte man sagen. Ich habe diese Ausgabe noch. Es muß an meinem negativen Charakter liegen, aber mir fällt jetzt als erstes auf, was *nicht* darin

---

7 Bernardo Atxaga: 1951 geborener baskischer Schriftsteller.
8 Babelia: Kulturbeilage von El País.

stand. Nicht diese extrem vulgäre Anzeige: ein zu großer Peugeot in einem intimen romanischen Klosterhof. Ich liebe romanische Klöster. In »meinem« Spanien gibt es noch sehr viele, und sie bieten ein Refugium der Ruhe und der Stille, das vielerorts auf der Welt undenkbar geworden ist. Die oxymoronische Frechheit dieses Fotos ist neu und Teil der neuen Ostentativität, die ihrerseits wieder zum neuen Wohlstand gehört. Woher die Brüste, Hintern, Peitschen, Stiefel gekommen sind, die in jener ersten Ausgabe noch unsichtbar waren, mag der Leser selbst entscheiden, doch sie könnten Teil der Veränderungen sein, auf deren Suche ich mich jetzt begebe.

Ich habe mir keine einfache Aufgabe gestellt und dazu als eine Art mechanischen Sancho Pansa ein kleines Auto gemietet, das mit Diesel läuft und farblich irgendwo zwischen Zitronengelb und faulem Eidotter liegt. Was den Vorteil hat, daß man es in einem Parkhaus immer gleich wiederfindet.

Aber noch bin ich nicht in Barcelona, dem Ausgangs- und Endpunkt meiner Reise, die mich 5000 Kilometer weit durch ganz Spanien führen wird. Glaube ich, dann besser zu wissen, was sich verändert hat? Ich weiß es nicht, es hat etwas mit einem tiefen Verlangen nach physischem Kontakt mit dem Land zu tun, mit dem Wiedersehen von Orten und Menschen, denen ich stets dieselbe Frage stellen und auf die ich so viele unterschiedliche Antworten erhalten werde. Vielleicht ist mein Unternehmen ja Donquichotterie, aber egal. In Barcelona spreche ich mit einer Verlegerin, einem politischen Kommentator und einer Übersetzerin. Einwanderung, Katalanismus, Internet, Terrorismus, Wohlstand, soziale Sicherheit, neue Mündigkeit, wir weben am Wandteppich der Veränderungen, aber dann geht es darum, Spanien vorsichtig vom Rest der Welt zu trennen. Illegale Einwanderer sickern auch andernorts in Europa ein, mobile Telefone haben das Leben überall verändert, der Gulden wird, wie die Peseta, zum Euro umgeschmolzen, auch mein Land ist, wie Spanien, in die ufer- und grenzenlose Gemeinschaft des Internets aufgenommen worden, das die Alchimie unserer Gesellschaften schneller verändert, als wir wahrnehmen können. Natürlich, sagt die Übersetzerin, aber die Tatsache, daß sich irgendwo anders etwas verändert, tut doch dem keinen Abbruch, daß es sich auch hier verändert. Die Verlegerin sagt, du mußt es so sehen, daß vieles von dem, was hier in den letzten 25 Jahren passiert ist, davor schlicht undenkbar gewesen wäre. Das ist bei euch nicht so. Im restlichen Europa ergeben sich Entwicklungen einfach aus all dem, was davor passiert ist, es ist ein langsamer, ganz allmählicher Prozeß. Wir haben hier einen totalen Bruch erlebt, der wundersamerweise gut verlaufen ist.

Der Kommentator, der meinen Reiseplan kennt, sagt: Paß auf. Du bist jetzt in Katalonien und später in Galicien und im Baskenland. Das sind autonome Regionen mit historischen Ansprüchen und einer eigenen Sprache, auch wenn sie nicht von allen gesprochen wird. Die anderen Länder, um es mal so zu nennen, Andalusien, Estremadura, hatten keine derart lautstarken Ansprüche, ihnen wurde die Autonomie in den Schoß geworfen, als Geschenk sozusagen, als Gegengewicht zu den harten Forderungen der anderen. Das wäre unter Franco nie passiert, wenn sich etwas in Spanien geändert hat, dann das.

Er leitet ein großes Kulturinstitut und erzählt, daß er vor kurzem neben dem König vor einem Foto stand, das 1973 nach dem tödlichen Anschlag baskischer Nationalisten auf Carrero Blanco[9], den Premierminister, gemacht worden war. Der König blickte auf den Bombentrichter und sagte etwas im Sinne wie: »Wenn er noch lebte, stünden wir beide jetzt nicht hier«, worauf mein Freund antwortete: »Was mich betrifft, bin ich mir sicher, aber nicht, ob das auch für Sie gilt.«

Beim Abschied gibt er mir ein Foto, eines dieser Fotos, die man sich stundenlang ansehen kann, die Unterzeichnung des Moncloa-Pakts[10] am 27. Oktober 1977. Ein unvorstellbar junger González, noch nicht von den vielen Jahren des Regierens gezeichnet, Suárez[11], der genau in die Kamera blickt, Fraga[12], fast lässig, die Hand in der Tasche, Carrillo[13], nachdenklich und merkwürdig lächelnd, Roca[14], als

9 Luis Carrero Blanco (1903-1973): Der erste spanische General, der von der ETA 1973 getötet wurde, Admiral und Chef von Francos Regierung.

10 Moncloa-Pakt: Regierung und Opposition unterzeichneten am 27. Oktober 1977 zur Überwindung der wirtschaftlichen Krisen den Pakt von Moncloa.

11 Adolfo Suárez González: Geboren 1930, ehemaliger Falangist, erster demokratischer spanischer Ministerpräsident, Gründer der UCD (Union des Demokratischen Zentrums).

12 Manuel Fraga Iribarne: Geboren 1922, unter Franco Minister, 1975 Innenminister der vordemokratischen Regierung, gründete die Alianza Popular, Präsident in Galicien.

13 Santiago Carrillo Solares: Geboren 1915, Generalsekretär der spanischen KP (PCE), lebte 37 Jahre lang im Exil.

14 Miquel Roca: Geboren 1940, langjähriger Generalsekretär der CDC (Convergència Democràtica de Catalunya).

sei er eigentlich irgendwo anders. Was in diesen Köpfen vor sich ging, läßt sich am besten in dem faszinierenden Buch von Charles Powell, *España en democracia, 1975-2000*, nachlesen. »Die Originalität des Abkommens von Moncloa«, schreibt der Autor, »basiert darauf, daß die Opposition – im Gegenzug dazu, daß sie die von der Regierung vorgeschlagenen Sanierungsmaßnahmen akzeptierte – die Einbeziehung eines bedeutenden Reformpakets forderte, das den Abbau der korporativen Institutionen des vorigen Regimes anstrebte, und in einigen Fällen die sozialen Mittler in den Entscheidungsprozeß einbezog. Gleichzeitig bestand man darauf, daß das Parlament als verantwortliche Institution für die Kontrolle der erzielten Einigungen anerkannt wurde.« Dem waren die letzten Zuckungen des alten Regimes vorausgegangen, die Rede des Königs vor dem Kongreß der Vereinigten Staaten, die Entlassung Arias'[15] und die Ernennung Suárez', doch das eigentliche Wunder zeigt sich natürlich in der Aufstellung der *dramatis personae* auf diesem Foto. Der Rest Europas, groß geworden mit der dramatischen Rhetorik des Spanischen Bürgerkriegs, rieb sich die Augen, als es Fraga und Carrillo so nahe beieinander sah, erwartete militärisches oder anderweitiges Unheil, gewahrte mit Erstaunen den Händedruck zwischen Suárez und Ibárruri[16] im Parlament, mußte, kurzum, sein Urteil über das neue Spanien revi-

15 Carlos Arias Navarro (1908-1989): 1974 unter Franco zum Ministerpräsidenten berufen und 1976 von König Juan Carlos abgesetzt. In der Folge wurde Adolfo Suárez González mit der Bildung einer neuen Regierung beauftragt.

16 Dolores Ibárruri (1895-1989): Legendäre, »La Pasionaria« genannte Führerin der Kommunistischen Partei Spaniens.

dieren und konnte eigentlich nur noch voller Bewunderung die subtilen Manöver der *transición* (des Übergangs von der Diktatur zur Demokratie) verfolgen, die zu dem europäischen Spanien geführt haben, das wir heute kennen.

5. März. Spanische Stimmen auf der Straße, eine Form von Heimkehr. Ich blättere noch ein wenig im *Semanal*[17] herum. Alle möglichen Sälbchen. Extreme Fixiertheit auf den Körper. Merkwürdig, hatten wir früher keinen? Lese einen Satz bei den Leserbriefen: »Ich bin Immigrant und liebe Katalonien.« Auf der Titelseite des katalanischen Teils ein Foto von einer riesigen Menge Moslems, die Hände im Gebet seitlich bis in Ohrenhöhe erhoben. Das Foto stammt nicht aus Mekka, sondern aus Barcelona. Sie könnten viele kleine romanische Kirchen füllen. Auf den Gesichtern große Intensität, weltentrückt. Manch ein Bischof dürfte mit einem gewissen Neid auf eine solche Menge blicken. Ich merke, wie sensibilisiert ich für Dinge bin, die man vor 25 Jahren so nicht gesehen hätte. »Es ist unglaublich, wie schnell Spanien der Kirche ferngerückt ist«, wird jemand später auf dieser Reise zu mir sagen. Einwanderung, heißes Eisen, großartige Gelegenheit, auszurutschen. Als erstes tat Frau Pujol[18] einen tiefen Fall, danach der ehemalige Präsident des Parlaments von Katalo-

---

17 Semanal: Wochenendbeilage von *El País*.
18 Frau Pujol: Frau von Jordi Pujol, spanischer (katalanischer) Politiker, der sich bereits unter dem Franco-Regime für die katalanische Eigenständigkeit engagierte, unterstützt die seit 1996 regierende Partido Popular unter Ministerpräsident J. M. Aznar López. Jordi Pujol ist heute Präsident von Katalonien.

nien und Generalsekretär des ERC[19], Heribert Barrera. Er hat unrecht, aber was er sagte, ist schön: »Ich akzeptiere keine Befehle, ich bin im ERC, nicht bei den Jesuiten.« Die PP[20] verlangt Maßnahmen von Pujol, damit andere Glaubensbekenntnisse das katholische »nicht verdrängen«. Ich denke an eine Initiative im Rahmen des Programms »Rotterdam – Kulturhauptstadt Europas«: »Vor fremden Gemeinden predigen«. Einen Sonntag predigt ein Imam bei den Katholiken, die Woche darauf ein Hindupriester bei den Protestanten, und so geht das ein ganzes Jahr lang. Es ist voller als sonst in den zumeist nicht so vollen Kirchen. Auch ohne Ceuta und Melilla, die beiden spanischen Enklaven in Marokko, haben wir bereits Parlamentsabgeordnete, die Mohammed heißen, und in Rotterdam leben Menschen aus über 150 Ländern, die meisten aus der Dritten Welt. »Wenn ich in Amsterdam aus dem Hauptbahnhof komme«, sagte Ryszard Kapuscinski[21], »dann denke ich, ich bin in Afrika.« Ich frage Freunde, ob die mitunter so radikale Aversion gegen Marokkaner etwas mit der Vergangenheit zu tun hat, und erinnere mich an den schon jahrhundertealten Ausruf, der während des Bürgerkriegs bei Oviedo wieder ertönte, »Mohren, Mohren an der Küste!« Aber nein, sagen sie, das ist Unsinn. Aha, Unsinn also. In den kommenden Wochen verfolge ich die Windungen des Ausländergesetzes, die Proteste

19 ERC (Esquerra Republicana de Catalonja): Republikanische Linke Kataloniens.
20 PP (Partido Popular): Spanische Volkspartei.
21 Ryszard Kapuscinski: 1934 geborener polnischer Journalist und Schriftsteller.

und die Weigerung des Ombudsmanns (*defensor del pue-blo*), etwas dagegen zu unternehmen. Volk, *pueblo,* ist of-fenbar nicht gleich Volk.

Hinaus auf die Straße. Auf den Ramblas diese eigenartigen, stillen Gestalten. Die eine ist zuvor in ein Goldbad ge-taucht worden, die andere steht bereit mit einem Toma-hawk. Auch sie sind neu. Völliges Stillwerden im Zeitalter der Hetze, Kontrapunkte zur Großstadt. Die Passanten kaufen sich von der Schuld der sinnlosen Hektik mit ei-nem Almosen frei.

In der Woche vor meiner Abreise habe ich eine Biographie von Gaudí gelesen. Traditionalist, Nationalist, Mystiker und Avantgardist. Eigenartig, was manche Menschen in *einem* Körper ertragen. Die späteren Mondrian-Gemälde sind von einer beißenden Klarheit, doch das Gedankengut des Malers entstammte den merkwürdigen Spinnweben der Anthroposophie. Durch die Biographie habe ich den Katalanismus auf einmal viel besser verstanden. Jetzt will ich in den Parque Güell. Ich gehe zu Fuß und komme an einigen Treppen vorbei, einem verwahrlosten Haus, oben-drauf ein Lautsprecher und Stacheldraht. Dort weht eine meergrüne Fahne mit einem verflogenen Symbol. »Tourist, you are the terrorist« ist auf die Mauer gepinselt. Daneben ein dicker, kahler Idiot in kurzer Hose mit Tupfen und ei-nem Fotoapparat. Dollarzeichen, Eurozeichen, *Okupa,* so-bald die Entrüstung auf der linken Seite zunimmt, ist das C nicht mehr gut genug, dann leiht man sich das K der ger-manischen Völker. Oben im Park ist es ruhig. Wundersam, der Traum zweier Männer, der lange nach ihrem Tod für andere Wirklichkeit geworden ist. Dank der Biographie kenne ich jetzt auch Güell. Großkapital ist per definitionem gefräßig (sonst stirbt es), hier aber hat es etwas hinterlassen, das an Glück grenzt. Junge Leute aus aller Welt spazieren zwischen den gewundenen Bänken mit ihren bunten Scherben umher, zu ihren Füßen die plötzlich so ferne Stadt. Sie lachen und fotografieren sich gegenseitig. Alles Terroristen. Merkwürdig, wenn Staaten träumen, kommt nur Mist dabei heraus, siehe die Architektur Stalins, Mussolinis, Francos. Gebraucht werden andere, Chillidas, Gaudís, Riveras, und dann auch noch in der unmöglichen Gesellschaft von Rockefellers, Morgans und Güells. Aber wie erkläre ich dem Wandschreiber von *Insubmissió total* (Totale Auflehnung) diesen Widerspruch?

7. März. Cervelló. Ich wollte Gaudís Gruft sehen, doch sie ist geschlossen. Lese die *Mañana* von gestern. »Sowohl die PP als auch die PSOE – so spanisch-nationalistisch sie auch sind – unterwerfen ohne jeden Skrupel die allgemeinen Interessen des Landes ihren Parteizielen oder regelrechten Launen.« Beim Frühstück führt der Mann am Nachbartisch ein lautes und intimes Telefongespräch, seine Quasselmaschine wie ein Geschwür am Ohr. Vielsprachige Freiheit der Meinungsäußerung und völlige Mißachtung des auditiven Hoheitsgebiets des anderen, zwei neue Errungenschaften.

Gegen die eigene Natur ist kein Kraut gewachsen, ich genehmige mir selbst zwei Klöster, Santes Creus und Vallbona, und ich finde sie wieder, die strenge Bauweise der Zisterzienser, den geistlichen Radikalismus, der erst Jahrhunderte später in der Architektur wiederkehrt, und zwar mit der gleichen Absicht, der Abwehr jeglicher Überflüssigkeit. Zierrat nur bei den Fabeltieren an den Kapitellen, den hochgotischen Gespinsten im Klosterhof. In Santes Creus das Königsgrab von Pere III. el Gran, eine rosa Badewanne, die auf zwei Löwen thront. Noch immer strahlt es Macht aus. Auf der anderen Seite des Altars Jaume II.[22] und Blanca de Anjou, totenstill nebeneinander, nun schon siebenhundert Jahre lang, die zwanzig Jahre, die ich nicht hier war, verflogen wie eine Sekunde. In Vallbona sind die Nonnen unsichtbar, eine alte Stimme krächzt und knattert aus der Sprechanlage, ich solle mich gedulden. Hinter diesen Mauern werden unsichtbare Leben gelebt, aus der Zeit gefallen, fast unvorstellbar. Im Kapitelsaal die in den Fußboden eingelassenen Gräber der adligen Äbtissinnen mit ihren Familienwappen, geheime Zeichen, die wir nicht mehr lesen können. Ich frage den alten Führer, wie viele Nonnen hier noch leben. Sechzehn. Früher seien es hundertfünfzig gewesen. Sie sind alle über fünfundsechzig, mit Ausnahme der jüngsten, die fünfunddreißig sei. Die aber komme aus Afrika. Das *aber* ist nicht negativ gemeint, bedeutet jedoch mehr als seine vier Buchstaben. Zuweilen drücken sich Veränderungen in Nuancen aus. Diese Unterhaltung findet im Klosterhof statt. Ich stehe auf einem Stein in einem neuen Zementbett, in das die Zahl 2000 geschrieben ist, dem Anschein nach mit dem Finger. Ich frage ihn, was das bedeute, und er sagt, darunter liege eine Nonne, »die letzte, die gestorben ist«. Sie werden, erzählt er, in ihrer Kutte bestattet, ohne Sarg und ohne Namen, ungefähr eineinhalb Meter unter diesem Stein. Damals Familienwappen, heute Anonymität. Mir kommt in den Sinn, daß die Frau, die da

22 Jaume II., der Gerechte (1267-1327), verheiratet mit Blanca de Anjou.

namenlos unter meinen Füßen liegt, nur noch in den Erinnerungen der anderen Nonnen fortlebt, die täglich über sie hinweglaufen.

In Poblet eine Ausstellung über den langsamen Bildersturm des Vandalismus und der Verwahrlosung, der in den leeren Jahren nach Mendizábal[23] gewütet hat: Die Taliban sind hier vorbeigezogen, wenngleich ohne Ideologie. In den Vitrinen geleimte Bruchstücke, Könige, halb aus Gips und halb aus ihrem ursprünglichen Marmor, die ewige Geduld der Restauratoren, die all diesen alabasternen Kummer wieder heilen müssen. Auf dem Innenhof ein Mönch mit einer Schubkarre. Er sieht genauso aus wie

Mönche vor dreihundert und sechshundert Jahren, in ihrem zyklischen Universum, in dem jeder Tag und jedes Jahr seine gleichen liturgischen Runden dreht, haben sie die Vorhut des linearen Fortschritts schon ein paarmal vorbeikommen sehen.

23 Der spanische Minister Juan Mendizábal ließ Mitte des 19. Jahrhunderts alle Klöster enteignen und die Mönche verjagen.

8. März.[24] Tortosa. Ich sehe, wie wild das Wasser des Ebro vorbeitost, als könne der Fluß den großen hydrologischen Zaubertrick nicht erwarten und nehme schon mal einen Vorschuß auf seine neue Rolle. Nein, auch diese Debatte wäre früher undenkbar gewesen, und sei es nur, weil es damals technisch noch unmöglich war. Es hat auch etwas Blasphemisches, als sei es etwas Verbotenes in diesem wüstenartigen Land, in dem Flüssen noch etwas Magisches anhaftet. Unsinn natürlich, und doch kann ich mich dieses Gedankens nicht ganz erwehren. Vielleicht ist es ja eine Art Sakrileg, das Wasser aus seinem jahrhundertealten Bett zu jagen. Wer weiß, wie es sich rächt. Später an diesem Tag kaufe ich ein Büchlein über die Schiffe, die noch bis zum vergangenen Jahrhundert auf dem Ebro fuhren, *Feluken: Geschichte und Hommage.* Graue, von der Zeit angegriffene Fotos von Holzflößen und anmutigen Segelschiffen, der zugefrorene Ebro im Jahr 1891, die Stille, die von diesen Bildern ausgeht, die Majestät eines Flusses, der jetzt wie ein Gartenschlauch aufgedreht werden wird.

Im Parador großer Trubel. Unter dem Speisesaal wird mit großem Radau der Abschied von einem Angestellten gefeiert, Lärm bis zu uns herauf. Den Kellner fuchst es, nicht dabeisein zu können. »Aber irgend jemand muß Sie ja bedienen.« Und als er das nächste Gericht bringt: »Ich selbst bekomme erst in 32 Jahren Rente, können Sie sich das vorstellen? Falls ich es überhaupt bis dahin schaffe. Aber dann gibt es keine Spanier mehr.« Ich sage, es werde schon nicht

24 Es existieren Pläne, das Wasser der Flüsse südlich der Pyrenäen in einem künstlichen Kanal in den trockeneren Süden Spaniens zu leiten. Dieses Projekt trifft auf den Widerstand von Katalanen und Naturschützern.

so schlimm kommen, und frisches Blut sei besser als auszutrocknen. »Das Reservoir wird mühelos aufgefüllt mit Leuten, die die Arbeit übernehmen, die ihr nicht mehr machen wollt, genauso wie es bei uns war. Und außerdem zahlen sie Steuern, und der Staat muß auch in Zukunft noch leben. Die Kinder ihrer Kinder pflegen dich dann später im Altersheim.« Mein etwas frivoles Versprechen wird von den immer ungestümeren Guantanameras von unten und dem Orujo angefacht, den er mir noch einmal nachschenkt. Das mit dem Altersheim mag er noch nicht ganz glauben, doch ich habe eine Vision von Schwestern aus Surinam in niederländischen Krankenhäusern und weiß, daß ich zumindest ein bißchen recht habe. Und außerdem lese ich im Bett, daß der Síndic de Greuges[25] die Politik der schulischen Integration von Immigranten in Katalonien mit aller Schärfe kritisiert hat, und er hat recht, denn man braucht später nicht nur Krankenschwestern, sondern auch Ärzte.

9. März. Benidorm. Nein, ich fange jetzt nicht davon an, daß ich Benidorm noch als kleinen Fischerort gekannt habe, im übrigen kann ich es mir auch nicht mehr vorstellen. Ich bin aus meinem Eidotter gestiegen und schaue auf die halbfertigen Wolkenkratzer, die noch zu Ende gebaut werden müssen, bevor die große Klimaveränderung die Barbaren des Nordens in ihren sonnenlosen Norden zurückjagt. Arbeiter sind dabei, den roten Ziegelstein mit etwas zu verkleiden, das mindestens ein paar Jahre lang an-

25 Síndic de Greuges: Katalanische Institution, deren Aufgabe es ist, die Aktivitäten der Generalitat (der Katalanischen Regierung) und der Gemeindeverwaltungen Kataloniens zu beaufsichtigen, um die Grundrechte und die staatliche Freiheit der Bürger zu bewahren.

ständig aussehen wird, sie krabbeln wie Arbeitsameisen über diese nichtsakralen Pyramiden. Oben sind die Gebäude noch nicht fertig, die künftigen Bewohner müssen erst alt werden. Bohrer, Schutznetze, Kräne, und irgendwo dahinter, wie ein Nebengedanke, das Meer, das dies alles ausgelöst hat. Die kahlen Hügel harren ihres Schicksals oder kaufen schon mal Aktien der englischen und deutschen Reiseunternehmen, dies soll das Florida des Vereinten Europas werden, das *tanatorio* steht bereits für all die flüchtigen Leben, die hier auf der Suche nach ein wenig letzter Gesundheit hindurchfluten werden, in der Nähe des in Kinderfarben ausgestatteten *hipermercado*.

10. März. Von Puerto Lumbreras nach Almería. Landschaften zwischen Wüste und Fruchtbarkeit, wieder kahle, scharfe Hügel, Land, weit und geduldig. Dann Ausläufer der Sierra, Felswände in verschiedenen Farben, in die Gesteine die Geschichte ihrer Herkunft geschrieben haben. Diesmal bin ich aber nicht der Natur wegen hier, sondern wegen der Zeichen der Zeit, auch der ephemeren: Whisky, der zum Mittagessen in großen Gläsern mit Eis als Symbol des neuen, kosmopolitischen Wohlstands bei Tisch erscheint, 158 Millionen im Jahr 2000 in Spanien verkaufte Flaschen Scotch, 5% mehr als 1999. Damit ist Spanien zum größten Whiskykonsumenten der Welt geworden. Schlagzeile in *La Voz de Almería*: »Versuch, ein Mädchen in verschiedenen Vergnügungslokalen zu verkaufen«. Es geht um eine Bande Litauer, die eine Landsmännin für 1500 Dollar zu verkaufen versuchten. Und das in Nijar. Litauische Verbrecher, auch das ist neu. Gleichgeblieben sind dagegen die Mondlandschaften, wie beschrieben in Goytisolos *Campos de Nijar*, aber hier und da zeigt sich auch der weiße Plastikschimmer von etwas, das von weitem wie ein großes Kondom aussieht und unter dem das Obst für Europa angebaut wird.

Der Eintritt für die Kathedrale von Almería kostet 300 Pesetas, für Senioren 250. Ich weiß nicht, ob Gott damit einverstanden ist, aber ich lege 250 hin. Schließlich bin ich Jahrgang 1933. Reicht nicht, sagt die Stimme hinter dem Schalter, 300 bitte. Aber ich bin Senior. »Das gilt nur für Spanier.« »Das sagt ihr doch auch nicht, wenn ich meine Steuern für alle möglichen Projekte zahlen muß, die mit Unterstützung der Europäischen Gemeinschaft durchgeführt werden«, sage ich, aber so landen wir in einer heillosen Diskussion. Jetzt zeigt sich der Mann hinter dem Schalter und sagt, ich könne auch gehen, hat währenddessen aber die 50 Pesetas Ausländerzuschlag bereits eingestrichen. In vermindert weihevoller Stimmung betrete ich die Kathedrale. Sehr viel Weiß ist alles, woran ich mich erinnere. Und in der Sakristei ein Gekreuzigter, der so düster auf einen düsteren Hintergrund gemalt ist, daß nur noch sein weißes Röckchen zu erkennen ist. Im Garten neben der Kathedrale – Mispeln, Fächerpalmen, Pinien, Rosen, Springbrunnen – überdenke ich, was ein niederländischer Politiker mir unlängst erzählt hat: daß Spanien sich bei europäischen Verhandlungen häufig hart zeigt, vor allem im Zusammenhang mit der Erweiterung, weil es fürchtet, durch das Hinzukommen der neuen Länder im Osten in eine periphere Position zu geraten, wodurch das Geld, das es jetzt noch erhält, in die andere Richtung zu fließen droht. Wann wird der Augenblick kommen, da ein Europa ohne Polen oder Ungarn oder, warum nicht, Litauen genauso undenkbar ist wie ein Europa ohne Spanien? Es fällt mir sogar schwer, mich zu erinnern, wann Spanien eigentlich Mitglied der Europäischen Gemeinschaft geworden ist.

Spätabends mache ich meine Hausaufgaben in einem kleinen steinernen Zimmer in Las Alpujarras südlich der in der Ferne weißglänzenden Sierra Nevada, die bereits so viele flüchtige Jahreszahlen hat kommen und gehen sehen: 1979 Sieg der UCD[26] von Adolfo Suárez bei den ersten freien Wahlen. Beginn der Politik der *autonomías*. 1981: 23. Februar, der gescheiterte Putsch von Tejero[27]. 1982: Sieg der Sozialisten. González. 1984: Scheitern der Verhandlungen zwischen der Regierung und der ETA. 1986: Spaniens Beitritt zur Europäischen Gemeinschaft. Plötzlich erinnere ich mich an eine Wahlveranstaltung im Turnsaal einer Schule in Madrid mit Javier Solana. Und an ein Lied aus diesen Tagen, »Felipe, *capullo*, wir wollen ein Kind von dir«. Die merkwürdigen Wege des Gedächtnisses. Und wie unvorstellbar lange her »neulich« ist. Die Nato, der große Konflikt mit der UGT[28], die Skandale, die GAL, oder, wie Charles Powell schreibt: von den glücklichen achtziger Jahren zur Krise von 1992/1993. Von allen Formen von Ge-

---

26 UCD: Unión de Centro Democrático.

27 Nach dem Rücktritt von Suárez González im Januar 1981 unternahmen Angehörige des Militärs und der Guardia Civil (darunter der Oberstleutnant der Guardia Civil, Antonio Tejero) einen Putschversuch (Besetzung des Parlaments am 23.2.1981). Dank der Initiative des Königs, der über den Rundfunk zur Verfassungstreue aufrief, brach der Putsch bereits am 24.2. zusammen.

28 UGT (Unión General de Trabajadores): Eine der wichtigsten Gewerkschaften Spaniens, 1888 gegründet, sozialistisch.

schichte läßt sich die unmittelbar in die Gegenwart reichende vielleicht am schwierigsten bewerten.

13. März. Frailes. Ein Ort zwischen Granada und Jaén. Ich
bin auf Einladung des englischen Schriftstellers Michael Jacobs hierhergekommen, der eines der besten Bücher über
Andalusien geschrieben hat. Ich müsse unbedingt vorbeischauen, hat er gesagt, es gibt ein großes Weinfest, das
darfst du nicht verpassen. Zuerst konnte ich Frailes auf der
Karte nicht finden, jetzt werde ich nie mehr vergessen, wo
es liegt. Michael, der neben vielem anderen auch noch
Kunsthistoriker ist, wohnt über der einzigen Diskothek des
Dorfes, arbeitet aber in einer Art Klosterzelle, die ihm von
Manuel Ruiz Lopez zur Verfügung gestellt wurde, einem
76jährigen Junggesellen, der aussieht, als stiege er noch täglich auf einen Berg, und mit seinen beiden unverheirateten

Schwestern zusammenlebt, die noch etwas älter sind als er. Das klingt wie der Romananfang eines spanischen Balzac, und das würde auch passen, denn Manolo, wie ich ihn nennen darf, ist ein leidenschaftlicher Leser. Er hat in seinem Leben alles mögliche gemacht, ist so etwas wie der Schattenbürgermeister von Frailes, fährt einen großen Landrover, hat etwas mit dem Weinfest zu tun, bei dem über 500 Leute zum Essen kommen, baut seine eigenen Oliven an und hat – in einer Arbeitsküche – die kleinste Olivenpresse der Welt, mit der er ein himmlisches Öl produziert, das in kleinen Fläschchen, darauf der Name des Empfängers, abgegeben wird. Wir werden begrüßt, als hätten alle seit Jahren auf uns gewartet, bekommen bei Manolo ein Frühstück mit großen gerösteten Brotscheiben, auf die das Öl wie geschmolzenes Gold tropft, und werden im Haus des Direktors der *Banco Rural* einquartiert. Archaische Gastfreiheit, die uns verlegen macht. Michael ist so etwas wie das Adoptivkind des Dorfes, seine hochgewachsene Gestalt mit dem grauen Haar wird überall sofort erkannt, er schleppt uns mit zur Höhle der Kartenspieler in der dortigen Taverne, jeder spricht ihn an oder geht ein Stück mit ihm mit, nur gut, daß er die Klosterzelle hat, sonst würde er nie mehr ein Wort schreiben. Nach einem Tag darf ich meine E-Mails am Computer der Apotheke abrufen, nach zwei Tagen sind wir Einwohner von Frailes. Das Fest selbst wird ein umwerfender Erfolg. Der Wein (Matahermosa 2000, 60 % Merlot, 20 % Tempranillo, 20 % Cabernet) fließt in Strömen, es gibt Suppe mit Kichererbsen, Lammragout, verschiedene Backwaren, das Geräusch Hunderter von Stimmen, öffentliches Glück, Lachen und Lärm. Das ganze Dorf ist da, die Töpfe sind so groß, als sollte damit eine Armee versorgt werden, und von außerhalb haben sich Schriftsteller und Denker eingefunden, die Namen schwirren um mich herum, Juan Eslava, Salvador Compan, Jesus Torbada, Manuel Urbano, Juan Varo Zafra, Ignacio Henares, Manuel Amezcua, Santiago Campos Garoia, einer hat etwas über *curanderos,* Heiler, geschrieben, ein anderer etwas über *coplas aceituneras,* Stegreiflieder, welche die Olivenpflücker bei der Ernte singen, die Titel fliegen über den Tisch, Romane, Aphorismen, Erzählungen, und inmitten all dieser Gelehrtheit und den neuen Namen stelle ich wieder meine eigenartige Frage: »Was hat sich in den letzten 25 Jahren verändert?«, und von den Antworten erinnere ich mich wegen der allgemeinen Heiterkeit nur noch an einen Hirten mit Handy, und in meinem Notizbuch steht in nicht ganz sauberer Schrift: »In Spanien ändert sich nie etwas«, »Nur die Kleidung« und »So was mußt du beim Frühstück fragen«.

Manolo hat, bevor er mich kannte, in Granada und Jaén meine Bücher gekauft und verteilt, kurzzeitig bin ich berühmt in Frailes und bekomme vom richtigen Bürgermeister zwei Flaschen Wein und *Frailes, Ein Blick auf seine Geschichte,* ein heroischer, pointillistischer Versuch, das gesamte Universum von Frailes zu beschreiben. Alles steht da drin, die 164 Einwohner aus dem Grundbuch von 1753 (Nr. 102: Francisco Pérez, Stanzer, verheiratet, zwei Söhne, zwei Töchter) und die 274 Arbeitslosen von 1964, das Ergebnis der Kommunalwahl von 1979, die Namen aller Pfarrer und aller Bürgermeister, die Feste von 1994, die Geschichte der Guerilla zwischen 1940 und 1956 (!), »aber die Schüsse setzten dem Leben Hojarasquillas ein Ende, der (noch einmal) seine Tapferkeit bewies, als er sich den Weg zu einem Olivenbaum bei Las Carboneras bahnte, um dort zu sterben. Diese Tatsache ist im Protokoll vom 1. Januar 1941 verzeichnet, wo 554 Peseten und 32 Cents angegeben werden für die von der *Guardia Civil* verursachten Ausgaben wegen eines Gefechts in besagter Ortschaft ›mit den Banditen Hojarasquilla und Cencerro‹ und der Autopsie des Ersteren, und sie werden im Absatz ›unvorhergesehene Ausgaben‹ verbucht.«

In einem Brief an Joseph Bloch aus dem Jahr 1890 schreibt Engels: »Zweitens aber macht sich die Geschichte so, daß das Endresultat stets aus den Konflikten vieler Einzelwillen hervorgeht, wovon jeder wieder durch eine Menge besonderer Lebensbedingungen zu dem gemacht wird, was er ist …« Nirgendwo sieht man das besser als in einem Buch, das minuziös die Geschichte eines mehr oder weniger zufälligen Ortes beschreibt, sei das nun Frailes oder Montaillou. Alles, was in der großen Geschichte untergeht und gnadenlos verschwindet, kommt in solchen Büchern an die Oberfläche. Dabei geht es gar nicht mal um geniale Darstellungsweisen, sondern um Namen, Zahlen, Erinnerungen, alles, was sonst vom großen Vergessen zermalmt würde, das irgendwann unser ganzes Tun und Treiben auslöscht.

Am nächsten Tag fahren wir mit Manolo und ein paar Freunden in die Sierra de Trigo, ein Andalusien, das ich sonst nie gesehen hätte. Abgeschlossene Fluren, eine wilde und weite Landschaft, in der Ferne die Gipfel der Sierra Nevada, Hirsche mit großen Geweihen, Mufflons, Raubvögel. Manolo erzählt mir von den verschiedenen Olivenarten, von *reparto* und Großgrundbesitz, wir besuchen ein Landgut mit wunderbaren Pferden in einer öden, verlassenen Gegend, und ich denke daran, wie wahr es ist, was

Michael geschrieben hat, daß nämlich innerhalb der früheren Abgeschlossenheit Spaniens Andalusien zwischen den hohen Mauern seiner Berge noch einmal ein anderes Land, eine eigene Welt war, oftmals mißverstanden von Ausländern wie vom übrigen Spanien, einst reich und fruchtbar unter moslemischer Herrschaft, nach dem erzwungenen Auszug der Juden und Moslems verarmt, von seinen Großgrundbesitzern vernachlässigt und an den Tourismus ausverkauft.

Plötzlich ist es Sommer geworden. Wir sind zur Ermita de la Virgen de la Cabeza (solche Namen klingen in meiner Sprache viel merkwürdiger, als sich das ein Spanier je vorstellen kann) hinaufgefahren und essen im Freien, Blutwurst, Suppe, Bratkartoffeln, Wein. Ein schwerer Mann in Blau gesellt sich zu uns, alle kennen ihn, ein Politiker der *Partido Andaluz* (»aber im Grunde Sozialist«, flüstert mir jemand ins Ohr), Luis Aceituno Machuca. »Was sich in den letzten 25 Jahren verändert hat? Spanien hat sich in den letzten 25 Jahren stärker verändert als Europa in 70 Jahren!« Das sitzt. Und dann sprechen wir über die Sozialreformen, über Unterschiede wie Tag und Nacht zwischen früher und heute, über die tragische und ewige Geschichte der Landreformen und über die Existenzsicherheit, die es endlich gibt. »Das ist die größte Errungenschaft – und die größte Veränderung.«

16. März. Albacete. In *La Tribuna de Albacete* ein Foto von José Bono[29], der sich so vor dem Staatswappen postiert hat,

---

29 José Bono: Seit über zwanzig Jahren Präsident von Kastilien-La Mancha.

daß das goldene Krönchen genau auf seinem Kopf sitzt, der König von Kastilien. »Die Regierung erwägt, gegen das Ausländergesetz Berufung einzulegen. Und die baskische Regierung tut den Gil-Robles-Bericht[30] als ›parteiisch‹ ab.« Baskenland gegen ganz Europa, das kann ja noch heiter

werden. Meine Reise führt über Jaén, Albacete, Cuenca und Madrid nach Santiago. Immer wieder diese ungeheure Weite, die Vielfalt der Landschaften, Menschen, Temperaturen. Ich fahre durch den grenzenlosen Kontinent, der Spanien ist, und erinnere mich an einen Satz, den die Verlegerin an jenem ersten Abend in Barcelona zu mir gesagt hat: »Teruel existiert, Zamora existiert«, Parolen, mit denen ein anderes Spanien ruft, es wolle nicht hinter den großen Veränderungen zurückbleiben, wolle mit dabeisein. Gibt es einen Konsens in all dem, was ich gehört und gelesen habe? Terrorismus, Einwanderung, die *autonomías*, der neue Reichtum, die zurückgehenden Geburtenzahlen, die Abkehr von der Kirche, Drogen, Aggressivität, Kriminalität, vulgärer Materialismus, Mangel an historischem Bewußtsein bei der Jugend, alles kommt zur Sprache, ein Chor vieldeutige-

30 José María Gil-Robles, geboren 1935 in Madrid, ging mit seinem Vater, der Kriegsminister der 2. Spanischen Republik war, 1936 ins Exil. 1952 Rückkehr nach Spanien; Jurist, Kritiker des Franco-Regimes, Christdemokrat, seit 1989 für die PP Mitglied des Europaparlaments, seit 1997 dessen Präsident. Er hatte den Auftrag, für die EU einen Bericht über die politische Situation der Basken zu erstellen.

Stimmen mit vielleicht doch diesem einen Grundton: daß die artikulierte Vielstimmigkeit für immer einen Platz in der Gesellschaft gefunden hat, daß es eine Basis sozialer Sicherheit gibt, die es früher so nicht gegeben hat, und daß sie auch nicht mehr verschwindet, daß die im Grunde immer noch junge Demokratie die Probleme der zentrifugalen Kräfte im Land meistern kann und genauso die von außen kommende große Herausforderung des europäischen Abenteuers.

17. März. Cuenca. Unheilswolken, die hohen Häuser klammern sich verzweifelt an die steilen Hänge. Ich gehe über die Fußgängerbrücke, tief unter mir der Huécar. Neben der Kathedrale wird der Patio de la Limosna restauriert »mit *cofinanciación* der *Comunidad Europea*«. Ich muß plötzlich an Chruschtschow denken, der einmal bei einem Staatsbesuch in Indonesien zum Sultan von Jogjakarta sagte, dieser täte besser daran, alle alten Silbersachen umschmelzen zu lassen, da man von all dem alten Kram ja doch nichts hätte. Was würden die Arzalluz[31] von Osteuropa für den Patio de la Limosna übrig haben? Im alten Klarissenkloster eine Ausstellung mit der Erstausgabe der *Encyclopédie* von Diderot und d'Alembert. Die Aufklärung hat das Licht der Nonnen gelöscht, unbeabsichtigte Ironie. Ich kaufe den Katalog einer früheren Ausstellung, *Antonio Saura und seine Plakate.* Irgendwann einmal waren wir zusammen mit Robert Coover, Roy Lichtenstein und Julián Rios auf Gran Canaria, um eine völlig aberwitzige Diskus-

---

31 Xabier Arzalluz: Geboren 1932, Parteichef der PNV, der baskischen Nationalisten.

sion über die Frage zu führen, wer es im Leben schwerer habe, Maler oder Schriftsteller. Die Schriftsteller natürlich, sagten die Schriftsteller. Wir haben die Frage nicht gelöst, aber es waren unvergeßliche Tage. Ich betrachte die Plakate mit ihrer scharfen, so unverwechselbaren Handschrift. Saura war imposant, ein aragonischer Edelmann, der Kraft und dem Ernst dieser Augen konnte man sich nicht entziehen.

19. März. Madrid. In einem kleinen Kino sehe ich zum erstenmal den *Don Quijote* von Orson Welles. Der Saal ist proppenvoll, Spanien auf der Suche nach sich selbst. Der Film ist nie fertig geworden, aber das spielt keine Rolle. Er flirrt und flimmert, Akim Tamiroff ist die fleischgewordene Zeichnung von Gustave Doré, klapperdürr, durchscheinend, wodurch Don Quijotes heilige Torheit, jenes über allen Unglauben und Widerstand hinweg gehütete Ideal der Ritterlichkeit, von der Leinwand strahlt. Welles hat ein postmodernes Exerzitium daraus gemacht, in dem er selbst auftritt, der arme Pansa sieht zum erstenmal fern und hört die dünne Stimme des *generalíssimo* aus dem ebenso unbegreiflichen Radio, wir sehen chaotische Bilder aus Pamplona, Corridas, Prozessionen, ein verschwundenes und nicht verschwundenes Spanien, und als der traurige Ritter mit seinen gegen den Zeitgeist hochgehaltenen Idealen aus dem Bild reitet, wird man von einem Gefühl des Heimwehs erfaßt, als könnte man gerade hier und jetzt weniger denn je auf ihn verzichten.

Widersprüche. Ich esse im *Las Torrijas* in der Calle de la Paz, was ich mir nie entgehen lasse, wenn ich in Madrid bin. Ein Menü für 1200 Peseten, drei Gänge, inklusive Brot und Wein, Fliesenboden, Arbeiter und feine Herren, nur wenige Tische, *el As de los vinos*, einfach, ehrlich – und köstlich. Eine Oase in der Wüste von Fast food und Unfug, Essen wie bei Großmuttern. Danach das Kaufhaus *fnac*. Nein, das gab es früher nicht, eine Fata Morgana von Elektronik, Videos, CDs und, Gott sei Dank, auch noch Büchern. Viel über Reisen, über Gesundheit, über Meditation, und dazwischen eine umherschlendernde, stöbernde Menge, Großstadtmenschen auf der Suche nach irgendeinem verborgenen Heil, das sich, wer weiß, irgendwo zwischen all diesem Glanz befinden muß.

Einen Tag später, in der Basilika der Virgen de Atocha, ein Konzert: *Cantigas de Madrid de Alfonso X el Sabio*. Mittelalterliche Musik, alte Instrumente, wie man sie noch auf den Tympana romanischer Kirchen sieht, die achthundert Jahre alte Musik des frühen Königs sinkt auf uns herab, mit hoher, mäandernder Stimme dringen die Geschichten von längst vergessenen Wundern in die Ohren des 21. Jahrhunderts, es ist voll bis zum letzten Platz und mucksmäuschenstill, auf dem Fußboden neben mir sitzt eine junge Frau, die Augen geschlossen, als wolle sie dort, in jenem anderen Jahrhundert sein, fern vom Trubel des unseren, und sei es auch nur für kurze Zeit.

22. März. La Alberca. Sintflutartige Regengüsse, dunkle Gassen, Wasserströme, Wappen an den alten Häusern, schwaches Lampenlicht hinter den Fenstern, kaum ein Mensch zu sehen. Hier hätten sie sich begegnen können, Don Quijote und Alfonso el Sabio, an einem Abend wie diesem. Außer über das elektrische Licht hätten sie sich über nichts gewundert. In der *Tribuna de Salamanca* ein Artikel von Jesus Arrula: »Vom letzten Mord der ETA in Lasarte bleibt als Trost und zu würdigen das mutige Verhalten vieler Nachbarn des Toten, welche die Abgeordneten vom EH bedrängten, die sich weigerten, das Attentat zu verurteilen.« Und im Editorial: »Der Mut besiegt die Angst.« Dieser Satz hätte vom weisen König und vom traurigen Ritter stammen können, die Vergangenheit, die zur Gegenwart spricht.

26. März. In Santiago scheint Winter zu herrschen. Atlantische Winde jagen über die Plaza del Obradoiro, den schönsten Platz Europas. Ich kenne ihn in sengender Hitze und im alles verwischenden Nebel, leer als verlassene Fläche und voll mit tanzenden und singenden Menschen. Auf diesem Platz, in diesem entlegenen Winkel Spaniens und Europas, spielte sich einst die letzte Szene aus meinem *Umweg nach Santiago* ab. Es war Mitternacht, und ich sah alle Geister aus der spanischen Geschichte, über die ich in diesem Buch geschrieben hatte, an mir vorüberziehen. Ich spreche mit Dario Villanueva, dem Rektor der Universität, über die radikale Art und Weise, wie sich die Haltung gegenüber Autorität, sei es nun gegenüber dem Staat oder der Kirche, gegenüber Eltern oder Professoren, verändert hat. In den Tagen, in denen ich mich in Santiago aufhalte, ermordet die ETA einen Nationalgardisten in Girona und einen *concejal socialista*[32] in Lasarte. Meine Rückreise führt über Gasteiz Vitoria, wo ich den baskischen Schriftsteller Bernardo Atxaga treffe. Wir kennen uns durch unsere

---

32 concejal socialista: Sozialistisches Gemeinderatsmitglied.

Bücher, ich habe die niederländische Übersetzung seines *Obabakoak* gelesen. Er erzählt, wie es ist, in einer zerrissenen Gesellschaft zu leben, über seine Ablehnung des Terrors, aber auch von den vielen falschen Vorstellungen, die in den spanischen Medien über sein Land existieren, von der albernen Brabbelsprache, die Peridis[33] den Basken in seinen Cartoons in den Mund legt, bis hin zu dem eindeutigen Unsinn und der falschen Berichterstattung über die tatsächlichen Gegebenheiten. »Wir sind, wie auch immer, eine verfolgte Gesellschaft, seit Guernica sind wir das schon. Nach Francos Tod hat die baskische Kultur Flügel bekommen, aber jetzt befinden wir uns in einem Loch, und ich weiß nicht, wie wir da herauskommen sollen. Aber wir sind eine sehr kompakte und, auch wenn du's nicht glaubst, vernünftige Gesellschaft. Ich bin kein *independentista*, aber doch sehr baskisch. Meine vierzig Nachbarn repräsentieren vielleicht acht unterschiedliche Richtungen, und trotzdem kommen wir miteinander aus.« Und, emotional: »Niemand braucht uns etwas von Leiden zu erzählen. Wir leiden selbst auch.«

An diesem Abend tritt er vor der Eusko Alkartasuna[34] auf. Der Saal ist bis zum letzten Platz voll, alles ist still. Hier spricht er nicht zu einem Außenstehenden, sondern zu Menschen, die in derselben Spannung, demselben Drama leben. Ich betrachte die Gesichter und weiß, daß ich nur ein Passant bin, jemand, der nicht mit dieser Bedrohung

---

33 Peridis: Eigentlich José Maria Perez, Architekt und Zeichner bei der Zeitung *El País*.

34 Eusko Alkartasuna: Splittergruppe der PNV, der baskischen Nationalisten.

und Zerrissenheit leben muß. Vom Traum spricht er, dem »Traum von einem archaischen Baskenland, das es nie mehr geben kann, eine Form von Unwirklichkeit gegenüber dieser anderen Form von Unwirklichkeit, der Fabel jener, die von außen, von Madrid aus auf uns schauen«.

30. März. Huesca. Mein letzter Tag. Im *Heraldo de Aragón* das Foto einer langen Menschenreihe mit roten Tüchern über dem Kopf. In den Händen tragen sie Schilder: »Gewerkschafter«, »Richter«, »Arbeiter«. Sie ziehen vor den Palacio de Ajuria Enea, »um den *lehendakari* zu bedrängen, weitere Morde im Baskenland zu verhindern«.
Meine Rundreise ist beendet. Entlang dem Fuße der Pyrenäen fahre ich durch Aragonien und Katalonien. Das Flugzeug ist pünktlich, aus der Höhe sehe ich das Meer und dann die Berge, aus denen ich gerade komme. Habe ich jetzt die Antwort? »Wissen Sie, was sich geändert hat«, sagte in Santiago Manuel Rivera Otero, der Vizerektor der Universität, »die Fähigkeit, sich zu verändern, das hat sich geändert.« Und während ich in mein anderes Land zurückfliege, überlege ich, daß in dieser tautologischen Formel auf jeden Fall ein Teil der Antwort enthalten ist.

INHALT

ZU DIESER AUSGABE

insel taschenbuch 4024: Cees Nooteboom, *Die Insel, das Land*. Geschichten über Spanien. Aus dem Niederländischen von Helga von Beuningen. Der Band ist textidentisch mit Cees Nooteboom, Die Insel, das Land. Geschichten über Spanien. Aus dem Niederländischen von Helga van Beuningen. © Suhrkamp Verlag Frankfurt am Main 2003. Die ersten sieben der hier versammelten Texte schrieb Cees Nooteboom im Sommer 1987. Der achte Text, »Der grenzenlose Kontinent«, entstand im März/April 2001 und erschien zuerst am 6. Mai 2001 in *El País* und dann auf deutsch in gekürzter Form in der *Zeit* vom 7. Juni 2001.

Bildnachweis: EFE/Deutsche Presseagentur, Frankfurt: S. 15, 23, 39, 70, 83 · Máximo, El País: S. 25 · Simone Sassen: S. 7, 31, 62, 99, 105, 110 · Ton van Vliet/Hollandse Hoogte/laif: S. 65, 66/67, 71 · Alle weiteren Bilder stammen aus dem Archiv des Autors bzw. des Suhrkamp Verlags.

»Was für ein ergreifender Roman über die Wunder des Lebens.« *Freundin*

Äthiopien in den sechziger Jahren: Die Zwillingsbrüder Marion und Shiva wachsen nach dem Tod ihrer Mutter und dem spurlosen Verschwinden ihres Vaters als Waisenkinder im Missionskrankenhaus heran. Beide sind unzertrennlich und wollen, wenn sie erwachsen sind, selbst Ärzte werden. Während Marion von seinem Ziehvater in die Chirurgie eingewiesen wird und die Schule besucht, bildet sich der hochbegabte Shiva autodidaktisch zum Arzt aus. Erst die Liebe zur selben Frau lässt die beiden Brüder zu Rivalen werden. Marion flieht aus dem von Unruhen erschütterten Land in die USA, wo er in seiner Arbeit als erfolgreicher Chirurg in einem New Yorker Krankenhaus aufgeht. Doch dann holt ihn die Vergangenheit ein, und er muss sein Leben in die Hände der beiden Männer legen, denen er am wenigsten vertraut: seinem Vater, der ihn im Stich gelassen, und seinem Bruder, der ihn betrogen hat.

Abraham Verghese, Rückkehr nach Missing. Roman
Aus dem Amerikanischen von Silvia Morawetz. insel taschenbuch 4000.
841 Seiten

»Hab den Mut zu leben, denn sterben kann jeder.«

Als Frida ein kleines schwarzes Notizbuch geschenkt bekommt, ahnt sie noch nicht, wofür sie es eines Tages benötigen wird. Auf der ersten Seite steht die Widmung: »Hab den Mut zu leben, denn sterben kann jeder.« Und Frida hat Mut. Sie trotzt den vielen persönlichen Rückschlägen und nimmt sich vom Leben, was sie will. Doch Frida lebt geborgte Tage. Ihr schmerzender Körper erinnert sie stets an ein Geheimnis, das sich in ihrem Notizbuch offenbart: Vor Jahren schloss sie einen Pakt mit einer geheimnisvollen Gestalt, die sie fortan begleitet, bis eines Tages der Zeitpunkt einer letzten Zusammenkunft bevorsteht …

Das geheime Buch der Frida Kahlo ist ein fesselnder Roman, der die geheimnisvolle Seite des extremen Lebens der Künstlerin schildert, aber auch ein kulinarischer Roman, mit vielen raffinierten, persönlichen Kochrezepten von Frida Kahlo.

Francisco Haghenbeck, Das geheime Buch der Frida Kahlo. Roman Aus dem Spanischen von Maria Hoffmann-Dartevelle. insel taschenbuch 4001. 282 Seiten

**Eine Geschichte von Abenteuerlust und
weiblichem Freiheitsdrang.**

Ein Neuanfang sollte es werden, als Harriet und Joseph Blackstone von
England nach Neuseeland aufbrachen. Von einem Leben in Wohlstand
träumten sie, aber als Joseph im Fluss neben seinem Haus einen Schimmer
von Gold entdeckt, kennt er nur noch ein Ziel. Er lässt Harriet und seine
Mutter zurück und macht sich auf zu den Goldfeldern, zusammen mit
vielen anderen Glückssuchern. Auf der Suche nach ihrem Mann reist
Harriet ihrem eigenen Traum entgegen.

»Rose Tremain schreibt die besten historischen Romane unserer Zeit.«
Evening Standard

Rose Tremain, Die Farbe der Träume. Roman
Aus dem Englischen von Christel Dormagen. insel taschenbuch 4002.
459 Seiten

Jack Kerouac, Lebendiger Buddha

Erstmals auf deutsch: die neu entdeckte Buddha-Biographie von Jack Kerouac.

Jack Kerouac, Idol der Beat Generation, war zeit seines Lebens fasziniert vom Buddhismus. In *Lebendiger Buddha* erzählt er nicht nur das Leben und die Wandlung des Prinzen Siddhartha Gautama zum Buddha, sondern schreibt gleichzeitig eine faszinierende Einführung in die buddhistische Lehre, über den Weg zur Erleuchtung.
Lebendiger Buddha ist das amerikanische Pendant zu Hermann Hesses *Siddhartha*.

Jack Kerouac, Lebendiger Buddha
Aus dem Amerikanischen übertragen und mit einer Einführung versehen von Ursula Gräfe. insel taschenbuch 4006. Etwa 220 Seiten